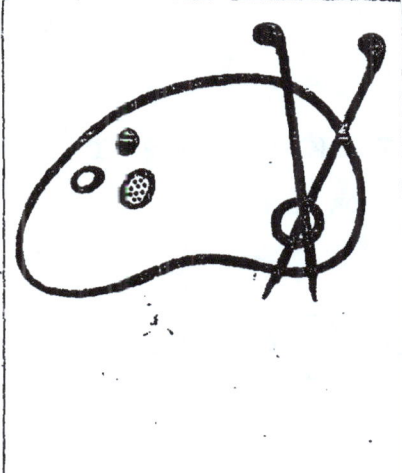

Original en couleur
NF Z 43-120-8

LE DÉNOMBREMENT

DE LA TERRE

DE

RHUIS

ET

SAINT-GERMAIN-LES-VERBERIE

VERS 1390

PAR

M. l'Abbé E. Morel,

Curé de Chevrières.

SENLIS
IMPRIMERIE ERNEST PAYEN
11, Place de l'Hôtel-de-Ville, 11

1884

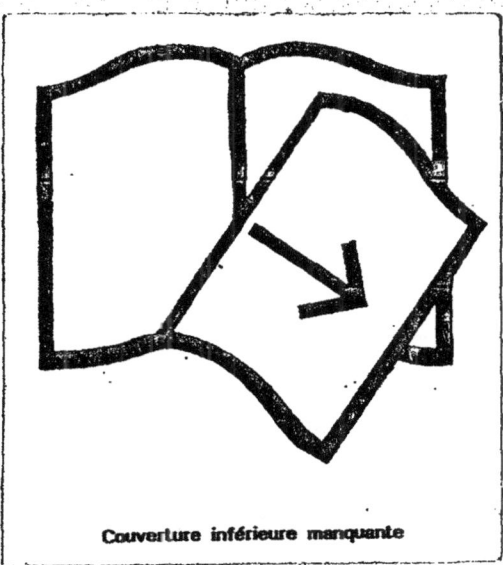
Couverture inférieure manquante

LE DÉNOMBREMENT

DE LA

TERRE DE RHUIS ET SAINT-GERMAIN-LES-VERBERIE

VERS 1390

LE DÉNOMBREMENT

DE LA TERRE

DE

RHUIS

ET

SAINT-GERMAIN-LES-VERBERIE

VERS 1390

PAR

M. l'Abbé E. Morel,

Curé de Chevrières.

SENLIS
IMPRIMERIE ERNEST PAYEN
11, Place de l'Hôtel-de-Ville, 11

1884

A Madame la Douairière de Roberval.

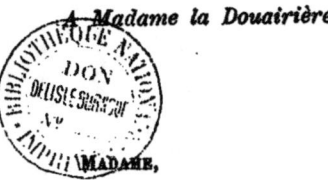

MADAME,

Rhuis et Roberval vous sont toujours chers. C'est à bon droit qu'ils bénissent en vous la Messagère de la divine Providence.

En vous dédiant cette notice, je ne suis que l'interprète de leur gratitude et l'écho de la grande voix qui célèbre partout vos bontés.

Daignez agréer les sentiments de respect avec lesquels,

J'ai l'honneur d'être,
Madame la Douairière,
Votre très humble serviteur,

E. MOREL,
Curé de Chevrières.

LE DÉNOMBREMENT

DE LA

TERRE DE RHUIS ET SAINT-GERMAIN-LÈS-VERBERIE

(OISE)

VERS 1390

INTRODUCTION

Le cahier de parchemin, que remplit ce dénombrement, se trouve aux archives du château de Roberval (Oise). Il comprend 24 feuillets, ou 48 pages. Sa hauteur est de 0,33 cent., et sa largeur de 0,31. Le texte en est serré et renferme toutes les abréviations en usage au XIV° siècle. Il a été rédigé après l'an 1384, car il y est fait mention d'un contrat passé en cette année. Sur la couverture un feudiste au XVIII° siècle a mis ce titre : *Ancienne déclaration de Saint Germain et Rhuis, environ 1390*. Cette date doit se rapprocher de la vérité.

La seigneurie de Rhuis et Saint-Germain était alors partagée entre le seigneur, pour nous inconnu, au nom duquel fut fait le dénombrement, et Mahieu de Septoutres, à cause de sa femme, veuve de Jehan du Mesnil, écuyer. Jehan du Mesnil possédait un fief à Houdencourt en 1376 [1]. Mahieu de Septoutres jouissait seul du

---

[1] Aveu et dénombrement, fournis par Charles de Chambly, seigneur d'Houdencourt, à Blanche de France, comtesse de Beaumont. (*Houdencourt, Seigneurie et Paroisse*, p. 280).

manoir de Saint-Germain ; mais il avait pris l'engagement de servir à l'autre seigneur, comme indemnité, une rente annuelle et perpétuelle de xxxii sous parisis.

Le castel de Saint-Germain-lès-Rhuis était bâti sur trois arpents de terre. Le domaine seigneurial comprenait en outre cinq arpents de terre labourable, deux arpents un quartier de pré, deux arpents trois quartiers d'aunaie, cinq quartiers de bois, au total onze arpents un quartier, un demi quartier de jardin, enfin un pressoir que Jehan Melean et ceux qui l'occuperaient après lui devaient « attenir de couverture d'esteule bien et souffisamment. »

Les revenus ou impôts, que percevaient annuellement les seigneurs de Rhuis et Saint-Germain, se composaient de cens, francs-vinages, vinages en nature, droits de past, rentes en blé, francs-méz et rentes diverses en avoine, orge, poules, chapons, pains et deniers.

Les cens s'élevaient tous les ans à la somme de 10 livres 14 sous 8 deniers et une poitevine et demie parisis [1]; dont 26 sous 2 deniers une obole et une poitevine parisis à la saint Jean-Baptiste ; 66 sous, 6 deniers, une poitevine et demie parisis, à la saint Remy ; 4 sous, 6 deniers parisis, à la saint Denis ; 4 sous 8 deniers, une poitevine parisis, à la Toussaint ; 16 sous, 3 deniers et une obole parisis à la saint Martin ; 73 sous, 11 deniers, une obole parisis, à Noël ; et 22 sous, 6 deniers parisis, à Pâques. L'amende, en cas de retard dans le payement de ces revenus, était de 7 sous, 6 deniers parisis pour chaque pièce de terre imposée.

Les francs-vinages, payables en monnaie à la saint Martin d'hiver, n'étaient que de 3 sous 4 deniers. Ceux qu'on acquittait en nature, à la saint Martin d'hiver également, se montaient à 307 lots, une chopine et le tiers d'un demi-lot, autrement, 3 muids, 16 setiers, 3 lots, une chopine et le tiers d'un demi-lot de vin.

Le droit de past, substitué au dîner qu'on servait jadis aux seigneurs, à la saint Martin d'hiver, ne donnait que 20 deniers et une

---

[1] La livre tournois se divisait en 20 sous ; chaque sou en 12 deniers ; chaque denier en 2 mailles ou oboles ; chaque maille en 2 pites ou poitevines. La monnaie parisis valait un quart de plus que la monnaie tournois. Ainsi 20 livres parisis faisaient 25 livres tournois, et un denier parisis cinq poitevines.

demi-poitevine parisis. Mais les retards dans le payement de cette redevance étaient sujets à une amende de 60 sous.

Les rentes en blé, ou biéz, qu'on devait fournir le premier dimanche après la saint Martin d'hiver, étaient évaluées à 78 boisseaux un tiers, ou 3 mines 6 boisseaux un tiers.

Les francs-méz, ou redevances sur les moissons, qu'on allait percevoir à domicile à Noël, formaient 6 mines et demie et un boisseau et demi de blé.

A Noël encore se payaient d'autres rentes en avoine, orge, poules, chapons, pains et deniers ; soit 47 mines et demie et un demi-boisseau, ou 3 muids et demi, 5 mines et demie et un demi-boisseau d'avoine ; une mine et demie d'orge ; 37 pains et demi et un huitième ; 37 poules et demie et un huitième ; deux chapons ; 37 deniers, une obole et un huitième de denier, autrement dit 3 sous 1 denier une obole et un huitième de denier.

A Pâques les seigneurs ne recevaient que deux chapons en dehors des cens.

La taille rapportait annuellement 4 livres 10 sous parisis. Les habitants devaient faire l'assiette de cet impôt au mois d'août et le lever ensuite à leurs frais.

Les seigneurs de Rhuis et Saint-Germain percevaient sur leur terre les droits de rouage, vientrage, témoignage, défonçage, bornage, ban en vendange, ventes, plaid général, et les amendes.

Ils faisaient payer, comme droit de rouage, *pro carri rotis*, pour l'entretien des routes, 4 deniers par chariot de vin vendu et 2 par charrette, quand ce vin était acheté à Rhuis par des étrangers. Les habitants de Verberie étaient exempts de cet impôt.

Le droit de vientrage (vinum intrans, viam terens), analogue au droit de rouage, se percevait sur le vin amené et déchargé à Rhuis. Il était aussi de 4 deniers par chariot et 2 deniers par charrette.

Le témoignage était un droit réduit, ou demi-rouage, que payaient ceux qui achetaient à Rhuis du vin aux possesseurs de fiefs relevant de la seigneurie. Il se nommait ainsi à cause du certificat que ne manquaient pas de fournir les petits feudataires à leurs acheteurs pour les faire bénéficier de la réduction d'usage. Ces acheteurs ne payaient qu'un denier par charrette. Les habitants de Verberie et de Rhuis jouissaient de la franchise.

Le défonçage était dû pour la vente au détail du vin qu'on avait acheté et non récolté. Ce droit était de 2 deniers. Quand le vin provenait des vignes du vendeur il était exempt de l'impôt.

Toute fraude sur les droits de rouage, vientrage, témoignage et défonçage, était passible de 60 sous d'amende.

La plantation des bornes pour limiter un champ avait lieu moyennant une taxe. Le bornage coûtait plus ou moins cher, selon que la terre avoisinait une route royale, ou bordait tout autre grand chemin. Dans le premier cas, les parties intéressées devaient payer cinq sous pour la première borne et 12 deniers pour chacune des autres. Dans le second, toutes les bornes étaient taxées à 12 deniers chacune.

Le ban en vendange était la défense que faisait le seigneur de récolter le raisin des vignobles avant le jour fixé. Les contrevenants étaient soumis à une amende de 7 sous 6 deniers. Toutefois cette défense ne pouvait être publiée qu'à la demande des habitants ou avec leur consentement.

On appelait droit de vente l'impôt du 12e denier qui se prélevait sur le prix de tous les objets vendus.

Les seigneurs de Rhuis et Saint-Germain avaient haute, moyenne et basse justice sur leurs terres. La voirie leur appartenait. Pour administrer leurs domaines et y réprimer les délits, ils instituaient un maire et un sergent. Chaque année, le lundi de Quasimodo, le maire tenait un plaid général, nommé *délun*, sorte d'assises, où devaient comparaître tous les habitants, afin d'éteindre toutes les querelles et de vider tous les différends. Tout défaut était passible d'une amende de 2 sous 6 deniers. On fixait un terme pour le payement des dettes. Quiconque se mettait en retard et recevait une sommation était condamné à 7 sous 6 deniers d'*arramine* ou amende. Les délais accordés n'allaient jamais plus loin que le soir du plaid ou délun. Toute personne accusée devait avouer ou nier. La sentence était prononcée le même jour.

En dehors du plaid général, le maire rendait la justice, quand il en était besoin. Les défauts se payaient toujours 2 sous 6 deniers. La même amende était encourue lorsqu'on laissait exercer contre soi au tribunal les revendications, appelées *reclains* ou *reclams*.

Les batteries faisaient la matière la plus fréquente des audiences. Quand on avait frappé un homme à coups de poing seulement, et sans lui faire de plaie, on était condamné à 7 sous 6 deniers. Si l'on s'était servi d'un bâton, ou de quelque arme non tranchante, la peine allait à 45 sous. Mais si l'arme était *molue*, c'est-à-dire bien aiguisée et affilée à la meule, et si le sang avait coulé, la punition montait à son maximum, 60 sous.

Il y avait aussi des amendes pour les dommages causés par les bêtes mises aux pâturages. Mais pour les encourir, il fallait qu'on fût pris en flagrant délit, et qu'il y eût plainte portée. En pareil cas l'on était condamné à 2 sous 6 deniers.

Les habitants de Rhuis pouvaient prendre de la terre en un lieu dit *Pastis*, pour faire des murs en torchis. Ceux cependant qui demeuraient sur les petits fiefs devaient préalablement demander la permission au maire, sous peine de 60 sous d'amende. Quand aux étrangers, cette faculté leur était absolument interdite. L'amende de 60 sous était infligée à tous les contrevenants.

Tous ces jugements n'étaient pas irréformables. Les mécontents pouvaient en appeler au bailli du Valois, siégeant à Béthisy.

Le contrôle des aunes et mesures appartenait également aux seigneurs de Rhuis et Saint-Germain.

L'aune en usage sur leurs terres était celle de Senlis, à la mesure au drap et à la toile. Elle contenait 28 pouces (0^m 76^c).

Pour mesurer le blé et l'avoine, on se servait de la mesure de Verberie.

La mesure à blé comprenait 6 setiers au muid (6 hectol. 86^l 19); 16 boisseaux, ou 2 mines, au setier (1 hectol. 14^l 36); 4 quartiers à la mine (0 hectol. 57^l 18); 2 boisseaux au quartier (0^h 14^l 29, 56); ce qui faisait pour le boisseau 0^h 07^l 14, 78.

La mesure à l'avoine était probablement celle dont on se servait encore à Verberie il y a un siècle. Beaucoup plus grande que la mesure à blé, elle avait trois mines au setier (2 hectolitres 86^l 18), deux minots à la mine (0 hectol. 95^l 39). La contenance du minot était de 47 litres 69.

Pour le vin, les mesures devaient être, autant qu'on le peut conjecturer :

Le muid ou quatre quartiers contenant.	2^h 23^l	52
Le quartier de cinq setiers............	55^l	88
Le setier de quatre lots..............	11^l	17, 60
Le lot de quatre chopines............	2^l	79, 40
La pinte ou deux chopines..........	1^l	39, 70
La chopine.......................	0^l	69, 85

L'étalon se prenait à Verberie.

L'arpent était de 75 verges (38 a. 30, 40) et la verge de 24 pieds (0 a. 51, 07).

Nous donnons ces évaluations sous toute réserve. Les textes nécessaires pour en vérifier l'exactitude nous font défaut.

Un bac et une nacelle sur l'Oise permettaient aux seigneurs de communiquer avec les pays situés au-delà de la rivière. L'entretien de ce bac et de cette nacelle était à la charge des habitants de Rhuis.

Tels étaient les biens, les revenus et les droits composant la seigneurie de Rhuis et Saint-Germain, vers 1390. Le tout relevait de Philippe de Villars, chevalier, seigneur d'Ermenonville, à cause de sa seigneurie de Villeneuve-sur-Verberie.

Ce dénombrement nous a permis de dresser un état des lieux-dits du territoire, ainsi qu'une liste des familles qui s'y trouvaient propriétaires vers la fin du XIVe siècle. Nous donnons ces deux listes en appendices à la suite du texte.

On pourra constater que les sobriquets tendaient à rester comme noms de familles. Ils prenaient toutefois encore, à l'occasion, une terminaison féminine. Ainsi le Besgue devenait la Besguesse ; Billon, la Billonne ; le Bouque, la Bouquesse ; Chappon, la Chapponnette ; Fuiron, la Fuironne ; Garnier, la Garnière : Paysan, la Paysande, etc.

Nous avons relevé dans le dénombrement quelques particularités que nous nous empressons de signaler.

Madame de Chevreuse, la Maladrerie de Verberie, la chapelle de Saint-Jacques en l'église de Verberie, les religieuses du Parc et le chapitre de Saint-Gervais de Soissons, possédaient des biens à Rhuis.

Sausset de Fresnel, écuyer, était propriétaire d'un hôtel seigneurial à Saint-Germain [1]. L'église de Rhuis et celle du hameau de Saint-Germain prenaient le nom de *Moustiers*, sans doute parce que les ecclésiastiques qui les desservaient vivaient en communauté,

---

[1] Jehan de Fresnel, dit Sausset, était en 1373, vassal du sire de Francières, pour sa maison de Fresnel. Il portait : *d'argent à la bande fuselée de sable*. (Registre des hommages du comté de Clermont en Beauvoisis. Bibl. nat., Caignières fr. 20,082, p. 307).

les uns faisant le catéchisme et tenant école, les autres chantant les offices et administrant les sacrements.

Une pièce de terre est appelée la terre du Saint de Rhuis. Le revenu qui en provenait devait servir à l'entretien de l'autel des saints Gervais et Prothais, patrons du village.

II. — Nous voudrions donner la liste complète des possesseurs de la terre de Rhuis et Saint-Germain, à partir des seigneurs qui firent rédiger le dénombrement de 1390 ; mais les documents nous font défaut pour la majeure partie du XV° siècle [1].

Le 25 mars 1497, Guy de la Porte, seigneur de Rhuis et Saint-Germain, ratifiait un échange de terre fait entre Pierre Piès et Raulet Constant, demeurant à Rhuis. Il était mort en 1508, car en cette année les lettres de saisine sont données par Jehan de la Porte, écuyer, son fils, qui prenait alors le titre de seigneur de Rhuis et Saint-Germain. Olivier Bohuon, maire de Rhuis, rendait encore la justice, au nom de ce dernier, le 19 décembre 1526.

M. Graves (Stat., Pont., p. 86) affirme que Rhuis appartenait en 1540, comme Roberval, à Jean-François de la Rocque, nommé par François Ier vice-roi du Canada. Les parchemins, conservés aux archives du château de Roberval, semblent prouver le contraire. Jean-François de la Rocque n'est appelé en aucun d'eux seigneur de Rhuis.

Le 2 avril 1540 (1541 n. s.), Olivier Bohuon, charpentier, et Jacqueline Gallehaut, sa femme, reconnaissent lui avoir vendu le 26 mars 1528 « ung moulin a eaue a mouldre blé » sis à Roberval, ainsi que diverses rentes en blé et en argent sur particuliers. L'acte le nomme « noble homme messire François de la Rocque, chevallier, seigneur de Roberval, Noé Saint-Remy et Bacouel. » S'il eût été seigneur de Rhuis, le contrat l'eût certainement mentionné. Le 23 juin de la même année 1541, le seigneur de Roberva. vendait à Jean Coiffart, avocat au Parlement, sa terre de Bacouel. Ses titres et qualités sont ainsi spécifiés : « Noble et

---

[1] La plupart des documents, que nous allons analyser, nous viennent du château de Roberval. M. Maurice de Roberval nous les a communiqués avec une parfaite obligeance dont nous tenons à le remercier.

puissant seigneur, Messire Jehan-François de la Rocque, chevalier, seigneur de Roberval, lieutenant-général pour le roy au voyage de Canada et autres pays marytymes. » Rhuis est passé sous silence.

En 1570, la terre de Rhuis et Saint-Germain appartenait à Hugues de Ligny, écuyer, et Blanche de Richard, sa femme. Ils ne vivaient plus, neuf ans après. Le 16 mai 1579, Charles de Gorgias, écuyer, seigneur de Lévignen d'une part, et François de Ligny, écuyer, seigneur de Puisieulx, tuteur de Jehan de Ligny et des autres enfants mineurs de Hugues de Ligny, d'autre part, obtenaient un arrêt du Parlement qui leur permettait de jouir par moitié et en indivis de cette terre et seigneurie.

La part de Charles de Gorgias échut ensuite à Marguerite de Fay, dame de Montathère, Roberval, Noé Saint-Remy, Bacouel, Noé Saint-Martin et Mauru, veuve de Louis de Magdaléan, chevalier, colonel des compagnies françaises à pieds entretenues pour le roi aux pays de Gascogne, Provence et Languedoc.

Le 12 juillet 1595, l'arpenteur Laurent Gourlet mesura le domaine et le divisa en deux lots selon le désir des copartageants. Marguerite de Fay et Jehan de Ligny, qui résidaient à l'hôtel de Saint-Germain, approuvèrent ces opérations, le 7 août suivant. A cette occasion, Marguerite de Fay vendit à Jehan de Ligny sa part des bâtiments de l'hôtel seigneurial et plusieurs héritages, moyennant 645 écus d'or; mais Jehan de Magdaléan, chevalier, seigneur de Montathère, croyant sans doute les intérêts de son frère, Josias, lésés, se refusa à ratifier le contrat passé par leur mère. Le 10 mai 1596, on procéda à un nouveau partage, que n'agréèrent pas encore les titulaires de la seigneurie. La propriété continua de rester indivise pendant près de dix ans. Le 3 décembre 1605, Josias de Magdaléan, prenant le titre de seigneur de Rhuis, et Claude de Feusté, sa femme, de concert avec Jehan de Ligny, écuyer, désigné comme seigneur de Saint-Germain, reprirent la convention de 1595 après y avoir ajouté de nouvelles clauses et fait quelques changements dans la position des bornes. Jehan de Ligny et Suzanne de Barthélemy, sa femme, moururent vers 1627. Sept enfants étaient nés de leur union. Le 12 juin 1627, cinq d'entre eux, Philippe de Ligny, écuyer, seigneur en partie de Saint-Germain, Rhuis et la Bodre, Charles de Ligny, écuyer, seigneur également des mêmes lieux, Claude de Ligny, écuyer, Marie de Ligny et Hugues de Ligny, encore mineur, sous la tutelle de son frère Charles, se partagèrent l'héritage paternel. Philippe eut par préciput et droit d'aînesse, l'hôtel seigneurial de Saint-Germain; la maison, chef-lieu du fief de Poussemyé, située près de l'église Saint-Germain, la maison de la montagne de Saint-Germain et le pressoir, établi devant le manoir seigneurial, lui furent également dévolus. Il ne pouvait prétendre, il est vrai, qu'à la moitié de ces biens; mais l'une de ses sœurs, Catherine de Ligny, étant venue à mourir après leur père, lui laissa sa part de domaine. D'un autre côté, Françoise de Ligny, son autre sœur, femme du sieur de Bellevallée, lui céda ses droits. La terre de Rhuis et Saint-Germain se trouvait dès lors singulièrement morcelée.

Josias de Magdaléan, écuyer, capitaine de 200 hommes d'armes entretenus pour le roi, eut comme successeur en la seigneurie de Rhuis, vers 1619, Jehan de Magdaléan, châtelain de Pont-Sainte-Maxence, seigneur de Montathère, Roberval, Bacouel et autres lieux, qui épousa Judith de Chauvigny. Jehan de Magdaléan laissa trois fils, Isaac, Philippe, Guy, honorés tous trois du titre de chevalier. Isaac fut seigneur de Montathère et prit pour femme Jehanne de Varigny. Philippe devint seigneur de Chauvigny. Guy avait, dès 1632, pour sa part d'héritage, Roberval, Bacouel, Rhuis et autres lieux. Il mourut sans enfants; son domaine passa à Isaac de Magdaléan, son frère aîné, vers 1637. Ce dernier, de concert avec Jehanne de Varigny, sa femme, vendit, le 30 mars 1641, à Henri de la Mothe-Houdencourt, conseiller du roi, évêque de Rennes, les fiefs, terres et seigneuries de Roberval, Noé Saint-Remy, Noé Saint-Martin et Rhuis, au prix de 54,000 livres tournois. Philippe de la Mothe-Houdencourt, chevalier, seigneur de Houdencourt, Sacy-le-Petit, Fayel et autres lieux, présent au contrat, répondit, au nom de l'évêque de Rennes, son fils, du payement de cette somme. Le 14 août 1654, Adrien de Monceaux, prévôt, garde-justice de Roberval et procureur d'Henri de la Mothe, louait pour neuf ans ce domaine et la terre de Mauru à Jehan Grévin, marchand à Pont, moyennant 2,350 livres de redevance. Le 31 janvier 1658, Philippe de Ligny, écuyer, se trouvant criblé de dettes, laissait vendre par décret tout ce qui lui appartenait à Rhuis et à Saint-Germain. Henri de la Mothe-Houdencourt s'en rendit acquéreur, au prix de 35,000 livres.

Le contrat renferme de curieux renseignements que nous avons notés. Du prix d'adjudication on devait distraire 300 livres destinées à la chapelle de Saint-Louis « fondée au chastel du roy à Senlis. » Philippe de Ligny avait sans doute promis cette somme, avant d'examiner s'il la pouvait payer. Il avait épousé en premières noces Magdeleine de Torcy, dont il eut trois enfants, Charles, Louis et Marie de Ligny. Il se maria en secondes noces à Marie Chéron, qui fit séparer ses biens d'avec les siens. Elle lui donna un fils, pour lequel elle réclama, pendant les criées, une pension alimentaire. Philippe de Ligny demeurait alors à Arras. La portion d'héritage, échue jadis en partage à ses frères, appartenait en 1658 à Henri de Lancy, seigneur, marquis de Raray, Néry et autres lieux. Celle de Madeleine de Ligny, sans doute cousine germaine de Philippe, décédée, était aux mains de Daniel Chastellain, seigneur des Fossés, qui la détenait pour ses enfants mineurs. Le 28 octobre 1669, Claude Guérin, bourgeois de Verberie, receveur de la terre de Saint-Germain, et Suzanne Fouré sa femme, prenaient à bail ce domaine pour neuf ans, moyennant 900 livres tournois de redevance dont la moitié devait être payée à Henri de la Mothe-Houdencourt, archevêque d'Auch, et l'autre moitié à Daniel Chastellain, écuyer, et Charles de Ligny, écuyer, tuteur de Hugues Chastellain. Le 15 octobre 1677, Jean-Daniel Chastellain, alors seul propriétaire de l'héritage de Madeleine de Ligny à Saint-Germain, échangea son domaine contre 166 liv, 13 sous, 4 deniers de rente, au principal de 8,500 livres, que lui donna l'archevêque d'Auch.

Que devint la part de seigneurie dont jouissait, en 1658, Henry de Lancy? Nous savons qu'en 1710 elle était la propriété de Catherine de Lancy, femme du sieur de la Billardière. Les renseignements nous manquent ensuite complètement pour le reste du XVIII° siècle.

Si nous en croyons l'historien de Lévignen, les seigneurs de Saint-Blaise-Lévignen étaient suzerains de Saint-Germain. Ils exigeaient qu'on leur fit foi et hommage pour ce domaine. Ce devoir fut en effet rempli envers Charles d'Autry en 1633, par

Nicolas de Lancy, et en 1667 par Henri de la Mothe-Houdencourt. En 1686, Jean Gayardon, sieur de Boulier, receveur général des finances de la généralité de Soissons, fit saisir le fief parce qu'on ne lui avait pas rendu l'hommage accoutumé. Charlotte-Eléonore-Madeleine de la Mothe-Houdencourt, duchesse de Ventadour, nièce de l'archevêque d'Auch, s'empressa de réparer cette négligence. Son gendre Hercule-Mériadec de Rohan, duc de Rohan-Rohan, prince de Soubise, marié à Anne-Geneviève de Lévis-Ventadour, fit également foi et hommage en 1714 à Charles-Louis Lallemant, seigneur de Lévignen, qui était aussi receveur-général des finances de Soissons [1]. Nous doutons fort cependant que ces actes de vasselage aient trait à la seigneurie de Saint-Germain. Un mémoire, rédigé en 1710 pour le seigneur de Roberval et Rhuis, nous apprend que le fief de Poussemie, situé à Saint-Germain, relevait seul du seigneur de Lévignen, tandis que la terre de Rhuis et le fief de Saint-Germain se trouvaient en la mouvance du seigneur de Villeneuve-sur-Verberie. Il se pourrait donc que les fois et hommages, dont nous venons de parler à la suite de l'historien de Lévignen, fussent relatifs, non au fief de Saint-Germain, mais uniquement au fief de Poussemie. Le 19 septembre 1737, François-Paul Carlier, procureur de Charles de Rohan, duc de Rohan-Rohan, prince de Soubise, petit-fils d'Hercule-Méridiac, renouvelait le bail du domaine de Saint-Germain, en faveur de Jean Roger. Ce fermier payait 575 livres de redevance.

Le fief de Saint-Germain fut vendu par Charles de Rohan, prince de Soubise, avec les terres et seigneuries de Roberval, Rhuis, Bacouel, Noé Saint-Martin, Monvinet, Saint-Christophe, Chevreuse, etc., le 27 janvier 1784, moyennant 190,000 livres à Achille-René d'Avène de Fontaine, chevalier, conseiller du roi, correcteur ordinaire en sa chambre des Comptes, et Félicité Brochant, son épouse. Tout ce domaine est resté depuis lors dans la maison d'Avène. Charles-Jean, comte d'Avène de Roberval (1780—✝1859), l'hérita d'Achille René, son père, mort en 1828. Il épousa

---

[1] Extrait d'une notice sur Lévignen et sa seigneurie, par l'abbé Gross. Mémoires du Comité archéologique de Senlis, 2ᵉ série, t. III, 1877, p. 49 et 50.

Marie-Françoise Cavé d'Haudicourt. Vint ensuite leur fils, Edmond Pierre, comte d'Avène de Roberval (1809—✝1873) marié à Henriette-Marie-Françoise Thiérion de Chipilly, aujourd'hui douairière. Les terres de Roberval, Rhuis, etc., sont maintenant en la possession de Marie-Pierre-Maurice d'Avène de Roberval, fils d'Edmond-Pierre, né en 1845, marié en 1879 à Marie-Thérèse Perdrigeon du Vernier.

La maison d'Avène de Roberval s'est toujours signalée par ses libéralités, tant envers les indigents, qu'en faveur des paroisses où sont situés ses domaines.

Sur un *plan de la terre et seigneurie de Roberval, levé en exécution des ordres de Mgr le Maréchal, Prince de Soubise, l'an 1759, par Nicolas Leroy, arpenteur royal*, au chemin de Roberval à Villeneuve, autrement appelé Chaussée Neuve ou Chemin Blanc, on a ajouté l'annotation suivante au commencement de notre siècle : *formé, dressé et pavé en 1818 par la bienfaisance de M*^r *(Achille-René) d'Avène de Fontaine.*

Au testament d'Adélaïde-Marie-Françoise Cavé d'Haudicourt, comtesse d'Avène de Roberval, fait au château du Marais (Chevrières) le 25 septembre 1836, nous lisons :

« Plusieurs femmes pauvres de Chevrières escorteront mon corps et seront habillées en noir aux frais de ma succession. Il sera en outre distribué cent francs aux pauvres de Chevrières et cinquante à ceux de Roberval.

Je laisse trois cents francs, une fois payés, à l'église de Chevrières, pour être employés à l'acquisition d'ornements noirs, et cent cinquante francs, également une fois payés, à celle de Roberval pour le même objet.

La personne, chargée à ma mort du soin des tombeaux, sera habillée en noir aux frais de ma succession, et je lui laisse, et après elle à un autre, homme ou femme, choisi par Monsieur le Curé de Chevrières parmi les pauvres, pour continuer ce même soin, la somme annuelle de trente francs. Ce don est fait à perpétuité.

Je donne et lègue à la commune de Chevrières tous mes droits, c'est-à-dire la moitié de la maison servant en ce moment de presbytère et de plus la somme nécessaire pour rembourser l'autre moitié à M. d'Avène de Roberval s'il l'exige; mais, dans le cas où la commune préférerait arranger ou construire pour presbytère une maison plus près de l'église, je lui lègue alors, à la place du legs ci-dessus mentionné, la somme une fois payée de 4000 francs; l'une ou l'autre de ces donations, dont je laisse le choix à la commune, est faite à la condition expresse que ladite maison ne pourra jamais servir à un autre usage qu'à celui de loger un prêtre de la religion catholique, apostolique, romaine. »

Par un codicille, rédigé au château de Roberval, le 19 septembre 1840, la même donatrice ajoutait à son testament les dispositions suivantes en faveur des pauvres :

« .... Je ne fais ici qu'ajouter audit testament une donation annuelle et perpétuelle de cent francs, pour être employés au commencement de chaque hiver à vêtir quelques vieillards, hommes ou femmes, et quelques enfants de Chevrières, choisis de préférence parmi ceux qui iront chaque dimanche faire une prière au tombeau de mes enfants et le mien, ce dont rendra compte la personne chargée du soin dudit tombeau ; et le tout sur les bons de Monsieur le Curé de Chevrières »

Son mari, Charles-Jean, comte d'Avène de Roberval, inséra dans son testament, le 31 mars 1859, des dispositions analogues :

« Je donne et lègue à la commune de Roberval la maison et le jardin du presbytère, voulant expressément que cette maison et son jardin servent exclusivement à loger le curé catholique de la paroisse de Roberval, sans que jamais la commune ou l'État puisse l'employer à autre usage ou la louer.
Je donne et lègue à la fabrique la somme de quatre cents francs pour le pavage de la nef de l'église. Je recommande à mon fils les pauvres de Roberval. »

Edmond-Pierre d'Avène de Roberval, à qui s'adressait la précédente recommandation, n'eut garde de l'oublier. En son testament, rédigé au château de Roberval le 4 décembre 1871, il consigna ainsi ses dernières volontés à cet égard :

« Je donne et lègue deux mille francs pour commencer la fondation du bureau de bienfaisance de Roberval, et seront placés en rente 3 %. Le revenu annuel sera distribué aux pauvres. »

Dans l'église de Roberval, au fond du sanctuaire, se trouve un vitrail représentant *la Sainte-Trinité*. Il porte cette inscription : *Donné par la famille de Roberval, 1874*. Le vitrail voisin, du côté de l'évangile, figure *la Descente de Croix*. On y lit : *Donné par Mme Harlé d'Ophove (Jeanne-Clary d'Avène de Roberval) et Mr de Chalambert (veuf de Alix-Marie-Madeleine d'Avène de Roberval), 1874*. Du côté de l'épître, le vitrail a pour sujet *la Nativité de Notre Seigneur*. La légende porte : *Donné par Mlle Joséphine Harlé* d'*Ophove, 1874.* Deux grisailles, placées en 1882 dans le transsept gauche, sont dues à la générosité de M. Maurice d'Avène de Roberval. Un tableau sur toile, représentant *le Christ en Croix*, a été donné par M. Achille, vicomte d'Avène. La sacristie possède six ornements ornés de broderies ou de tapisseries, chasubles, chapes, étoles, etc., etc., confectionnés par les dames d'Avène de Roberval.

A Chevrières, un calice porte cette inscription : *Donné à l'église de Chevrières par Mme de Roberval (Cavé d'Haudicourt), l'an 1809.* L'arbre de Jessé, qu'on voit sur un vitrail du sanctuaire de cette même église, est un don de M. et Mme Harlé d'Ophove. Plusieurs ornements, dont une chasuble en vrai drap d'or, des candélabres, etc., viennent des mêmes donateurs.

A Rhuis, des sommes importantes, offertes à l'église par la famille de Roberval, ont permis de hâter la restauration de l'édifice. Ces indications suffisent pour montrer que la maison d'Avène de Roberval est à juste titre appelée la bienfaitrice des églises et des pauvres.

LE DÉNOMBREMENT

DE LA

TERRE DE BHUIS ET SAINT-GERMAIN-LES-VERBERIE

(OISE)

VERS 1390

I. Ruys et Saint-Germain,

Appartenans à Monseigneur et à Mahieu de Septoutres, escuier, à cause de sa femme, jadis femme de feu Jehan du Mesnil, escuier, à chascun par moitié pour indivis, selon le dit de Martin Billoust et Jehan Billon l'ainsné sergent des dis Seigneurs et aussi par les habitans de la ville et par 1 ancien livre a moy baillié par le dit Mahieu.

Premièrement. — Les dis seigneurs ont en la dicte ville de Saint-Germain lez Ruys une maison et lieu, si comme tout se comporte, avec un jardin derrière, qui a présent est en pré, contenant environ III arpens, que pré, que hayes, que buissons, en laquelle maison et jardin mon dit seigneur a la moitié, qui est bailliée ausdis Mahieu et sa femme, parmi XXXII sols parisis de rente chascun an à tous jours à paier moitié à la saint Remy et l'autre moitié à Noel.

Item, les dis seigneurs ont audit lieu une pièce d'aunoy, contenant environ I arpent, nommé l'Aunoy des Seigneurs, tenant au chemin de la Poulye d'une part, et se coppe de IIII ans à autre, et est en la v° séve.

Item, les dis seigneurs ont en la dicte ville I aunoy, nommé l'Aunoy le Seigneur, séant au lieu dit Paradis, contenant environ v quartiers, ouquel y a plusieurs grans noyers et autres arbres fruis portans, duquel aunoy il y a bien la moitié en l'aage de IIII ans et l'est en coppe, et le surplus est en josnes ¹ fresnes et autres arbres et n'est pas de grant valeur.

Item, les dis seigneurs ont au lieu dit ou Brueil ², dessoux la fontaine de Saint Germain, environ I quartier d'aunoy, qui jadis fu Estienne la Pie, tenant à Lancelot Fouquère d'une part, et au chemin de la Fontaine d'autre part, et devoit à Messeigneurs, chascun an, aus termes de Toussains et Noel, III sols, IIII den. ob., et de présent les dis seigneurs l'occuppent, et est en leur demaine, longtemps a ³, par deffaut de possesseurs, et est de la II° séve.

Item, les dis seigneurs ont audit lieu de Brueil, dessoux la fontaine de Saint-Germain, une autre pièce d'aunoy, contenant environ I quartier, qui jadis fu Nevelet Walon, tenant à Lancelot Fouquère d'une part, et au chemin de la Fontaine d'autre part, et devoit aus dis seigneurs, chascun an, aus dis termes, v s. III d. parisis, et de présent les dis seigneurs l'occuppent, et est en leur demaine, par deffaut de possesseurs, longtemps a, et est a présent de la tierce séve.

Item, les dis seigneurs ont au dit lieu de Saint-Germain I petit jardinet, contenant environ demi quartier, séant dessoux le Moustier ⁴ de Saint-Germain, tenant au courtil du prestre du dit lieu, et enclavé dedens ycelui.

Item, les dis seigneurs ont en la dicte ville de Ruys I pressoir, qui n'est point bannier ⁵, séant emprés l'église de Ruys, tenant à la maison du curé, lequel pressoir Jehan Meleun ou celui qui pos-

---

¹ *Josne*, jeune.
² *Brueil*, breuil, bois taillis, garenne ou parc, clos de murs et de haies. Le terme *broussailles* semble n'être qu'un diminutif de *breuil*.
³ *Longtemps a*, il y a longtemps.
⁴ *Moustier* (monasterium), l'église et ses dépendances.
⁵ *Bannier*, dont tous les vassaux devaient faire usage.

sesse la masure [1], en laquelle ycelui pressoir est assis, doit attenir [2], de couverture d'esteule bien et souffisamment et lez dis seigneurs doivent attenir le seurplus.

II. Terres labourables, appartenans aus dis seigneurs en la dicte ville, lesquelles souloient [3] possesser plusieurs habitans de Ruys, et sont demourées en la main des dis seigneurs, tant par deffaut de cens et rentes non payéz, comme parce que les possesseurs y ont renoncié, dèz longtemps a, et sont bailliées à ferme au profit d'iceulx seigneurs.

Premièrement, au lieu dit dessoux Ruys, sur le port, environ II quartiers tiercerans [4] de terre, tenans à Pierre Pouilliet d'une part et d'autre.

Item, en ce lieu I peu plus hault à mont l'eaue [5] environ I quartier tierceran de terre, tenant à Guillot des Hayes d'une part, et aus enfans Martin Billoust d'autre part.

Item, au lieu dit aus Pierres dessoux Ruys I quartier tierceran de terre, tenant au dit Guillot des Hayes d'une part et à Robin le Bouq d'autre part.

Item, au lieu dit au dessus des Pierres I arpent, tenant au dit Guillot des Hayes d'une part et aus hoirs Jehanne de la Cousture d'autre part.

Item, au dessoux de Saint-Germain, environ IX quartiers de terre, tenans aus hoirs Estienne Broquel d'une part et à madame de Chevreuses d'autre part.

Item, au lieu dit dessoux Ruys, environ VII quartiers de terre, tenans à Pierre Pouilliet d'une part et à la terre du Saint de Ruys d'autre part, aboutans à la rivière d'Oize à l'endroit du gort Jehan Denise.

Item, au lieu dit en Vaulx, environ III quartiers de terre qui furent Jehan Sadet et Jehan le Vintre, tenans à Simonnet le Sauvage d'une part et aus enfans Martin Billoust d'autre part.

---

[1] *Masure*, ferme.

[2] *Attenir*, entretenir.

[3] *Souloient* (*solebant*), étaient dans l'usage, avaient coutume.

[4] *Tierceran*, soumis au champart du tiers des fruits d'après des conventions spéciales.

[5] *A mont l'eau*, en amont.

III. Préz appartenans aus dis seigneurs, séans en la praérie du dit Ruys.

Premièrement, une pièce de pré en gaing [1], séant au dessoux de l'Aunoy, que on dit Paradis, lequel pré contient environ 1 arpent tenant à Raoul le Gruier d'une part et aus hoirs Jehan le Cordier d'autre part, et se fauche à deux herbes, entour lequel pré y a plusieurs saulx, qui sont et appartiennent aus dis seigneurs.

Item, les dis seigneurs ont emprès le dit pré environ demi arpent de pré, que on dit Sequeillon, tenant aus hoirs Jehan le Cordier d'une part et à madame de Chevreuses d'autre part, et n'est que à une herbe.

Item, au lieu dit dessoux Ruys, environ demi arpent de pré, que on dit Sequeillon, tenant à Guillot des Hayes d'une part et au curé de Ruys d'autre part, et n'est que à une herbe.

Item, au dessoux du Clos Jehan du Buz, environ 1 quartier de pré, tenant à Raoul de Haramont.

IV. Cens deubz à Monseigneur et au dit Mahieu de Septoutres, chascun an, en la dicte ville de Ruys, au terme de feste saint Jehan Baptiste, sur amende de VII s. VI d. p.

Premièrement, Jehan de Jaux le josne pour 1 courtil, contenant environ demi quartier de terre, séant au lieu dit dessoux le Peupple, lequel fu Jehan Guivant, tenant à Phelipot le Sauvage d'une part, et au chemin qui vient de Pont à Verberie d'autre part :   XII d.

Jehan Billon l'ainsné, pour sa maison et le jardin derrière, si comme etc., contenant environ demi arpent, séant au lieu dit l'Ourmel en Vaulx [2], qui fu Aliz la Besguesse, tenant au chemin qui va de Ruys à Roy d'une part et à Marion la Chapponnette d'autre part :   III s.

Item, pour environ demi quartier de vigne, séant au lieu dit en Houdiart, qui fu Jehannin le Cornu, tenant à Simonnet le Sauvage d'une part et à Belot la Garnière d'autre part :   III ob.

Jehan de Jaux l'ainsné, pour demi quartier de vigne ou environ,

---

[1] *Gaing*, terre donnant du profit, procurant un bon revenu.
L'Ourmel en Vaulx, l'Ormeau de la vallée.

séant au lieu dit en Bacouel, entre ii ruelles, qui fu Nicaise de la Valette, tenant à Denisot de Fosses d'une part et aux hoirs Phelippe le Sauvage d'autre part : ii d.

Item, pour environ viii perches de terre en friche, séans au lieu dit ou Mont Rosel, qui fu Jehan de Jaux son père, tenant à Johannin Ayer d'autre part et d'autre : i tour.

Jehan le Cornu, pour demi arpent de vigne ou environ, séant au lieu dit en Houdiart, qui fu Colette du Peupple, tenant à Jehan le Sauvage d'une part et aux hoirs Nicaise de la Valette d'autre part : ii d.

Jehan le Sauvage, pour i quartier de terre ou environ, séant au lieu dit la Voye des Préz, qui fu Nicaise de la Valette, tenant à Regnaut Paysant d'une part et aux hoirs Regnaut de la Chêze d'autre part : iii poit.

Item, pour i quartier de vigne ou environ, séant au lieu dit au Puis, qui fu ledit Nicaise, tenant à Raoulin de Fosses d'une part et à Guillot des Hayes d'autre part : ii d.

Symon Billon, pour v quartiers ou environ, que terre, que vigne, séans au lieu dit ou Valet Lambert, qui fu Guillaume Garnier, tenans à Symon de Jaux d'une part et d'autre : iiii d. ob.

Phelippot le Sauvage et les enfans de feu Phelippe le Sauvage, son oncle, pour environ demi quartier de terre en aulnoy, séant au lieu dit en Pucelet, qui fu Oudot Congnet, tenant à Jehanne de la Valette d'une part et à Jehannin Tavernier d'autre part : ob.

Gile Guerlant, à cause de sa femme, par avant femme de feu Estienne le Sauvage, pour demi quartier de pré ou environ, séant dessoux Ruys, qui fu le dit Estienne, tenant aux hoirs Pierre de Feux d'une part et aux hoirs Jehan de Pondremont d'autre part : iiii d. poit.

Jehanne de la Valette, pour demi quartier de terre ou environ, séant au lieu dit en Pucelet, qui fu Nicaise de la Valette, tenant à Phelippot le Sauvage d'une part et d'autre aboutant au chemin du Perchoy : i d.

Item, pour environ i quartier de terre, séant au lieu dit dessoux le Four, devant la Croix de Ruis, qui fu le dit Nicaise, tenant à Jehan de Meleun d'une part et au chemin qui va ès préz d'autre part aboutant à la Fontaine : ob.

Regnaut Paysant, pour i quartier de terre ou environ, séant au lieu dit la Voye des Préz, qui fu Alixandre la Paysande, tenant à Jehan le Sauvage de Ruys d'une part et à Jehan le Sauvage de Mourru d'autre part : III poit.

Johannin Guerry, pour la moitié de environ III quartiers, que pré, que terre, partissans contre les enfans Martin Billoust, séans au lieu dit dessoux Saint-Germain, qui fut Robert Dalphin, tenans aus hoirs Pierre de Feux d'une part et aus hoirs Jehan le Cordier d'autre part : II d. poit.

Symon de Jaux, pour III quartiers d'aunoy ou environ, séant au lieu dit en Vaulx, au coing de la Royaulté, au léz[1] devers Ruis, qui furent Jehan Gougon, tenant à Jehan de Jaux d'une part et aus hoirs Guibelet le Mortelier d'autre part : XII d.

Ledit Simon de Jaux, pour demi arpent d'aunoy ou environ, séant au lieu dit en Vaulx, au coing de la Royaulté, au léz devers Noé Saint-Martin, qui fu ledit Gougon, tenant aus hoirs Guibelet le Morteller d'une part et audit de Jaux d'autre part : XII d.

Jehan Gougon, pour sa maison, masure et jardin, séant empréz la fontaine de Ruis, qui fu Phelippe Fuiron, tenant à Perrot Fouillet d'une part et au Ruissel de la Fontaine tout au long, et la tient à surcens Symon de Jaux : II d.

Les enfans Martin Billoust, pour demi arpent de terre ou environ, séant au lieu dit sur le Port de Ruis, tenant à Pierre Pouillet d'une part et d'autre : III d.

Item, pour III quartiers et demi de terre ou environ, séant dessoux Ruis, à l'endroit de la Motte, tenant à la terre des seigneurs de Ruis d'une part et à Guillaume des Hayes d'autre part : III d.

Item, pour la moitié de environ III quartiers, que pré, que terre, partissans contre Jehannin Guerry, séans au lieu dit dessoux Saint-Germain, qui fu Robert Dalphin, tenant aus hoirs Pierre de Feux d'une part et aus hoirs Jehan le Cordier d'autre part. II d. poit.

Les hoirs de feu Jaque de Feux, pour le tiers de III arpens de préz ou environ, séans dessoux Ruis, a l'endroit du jardin Denisot de Fosses, qui furent Pierre de Feux, tenans à Raoul le Gruier d'une part et à Colart de Beaurepère d'autre part : II d. ob.

Les hoirs Oudart de Feux et Pierre Waure, pour les deux pars

---

[1] *Léz* (latus), côté.

des III arpens de préz dessus dis, partissans contre les hoirs dudit
Jaque de Feux : v den. ob.

Jehan Meleun, pour demi quartier de vigne ou environ, séant
au lieu dit entre II ruelles, qui fu Robert le Charpentier, tenant
à Colette la Fuironne d'une part et à Jehannin Guerry d'autre
part : ob.

Item, pour I quartier ou environ, que terre, que aunoy, séant de
costé la fontaine de Ruys, qui fu Phelippe Fuiron, tenant à Jehanne
de la Valette d'une part et à Galeran Pelet d'autre part : II d.

Item, pour demi quartier de vigne ou environ, séant au lieu dit
Houdiart, qui fu ledit Phelippe tenant à Jehannin le Cornu d'une
part et d'autre : I d.

Item, pour environ demi quartier de vigne, séant au lieu dit
Bacouel, qui fu Jehan de Fosses, tenant au dit Meleun d'une part
et d'autre : I d.

Madame de Chevreuses, pour I arpent de terre ou environ, séant
dessoux Ruys, qui fu Jehanne la Dalphine, tenant aus enfans Martin
Billoust d'une part et à Gile Guerlant d'autre part : III d. ob.

Item, pour I arpent de terre ou environ séant dessoux Ruis, qui
fu Henry Lescripvain de Compiègne, tenant au dit Billoust d'une
part, aboutant sur lez préz : III d.

Colette la Fuironne, pour environ VI perches de vigne, séans au
lieu dit Bacouel, qui fu Jehan de Fosses, tenant à Jehan de Meleun
d'une part et d'autre : I tour.

Les hoirs de feu Regnaut de la Chèze, pour environ I quartier de
terre, séant au lieu dit au Jonquoy, qui fu Simon le Leu, tenant
aus enfans Martin Billoust d'une part et d'autre : III ob.

Jehan Hemart, pour demi arpent de terre ou environ, séant au
lieu dit au Jonquoy, tenant à Gile Guerlant d'une part et audit
Hemart d'autre part : II d.

Item, pour environ demi arpent de terre, séant au lieu dit la
Gravelle dessoux Ruis, qui fu Jehan des Hayes, tenant à Guillot
des Hayes d'une part et aus hoirs Robert le Sauvage d'autre
part : III ob.

Item, pour la moitié de V quartiers de terre ou environ, séans
au lieu dit la Gravelle, selon la rivière d'Oize, qui fu le dit des
Hayes et Jehan Huet, tenans à Jehan le Sauvage de Ruys et à
madame de Chevreuses d'autre part : III d.

Les hoirs de feu Robert le Sauvage pour environ demi arpent de terre séant au lieu dit à la Gravelle dessoux Ruis, qui fu Jehan des Hayes, tenant à Guillot des Hayes d'une part, et à Jehan Hémart d'autre part : III ob.

Item, pour la moitié de v quartiers de terre ou environ, séant au lieu dit la Gravelle selon la riviere d'Oize, qui fu le dit des Hayes et Jehan Huet, tenant à Jehan le Sauvage de Ruis d'une part, et à Madame de Chevreuses d'autre part : III d.

Les hoirs Raoul des Hayes, pour I quartier de Vigne ou environ, séant au lieu dit au Puis, laquelle fu ledit Raoul, tenant aus hoirs Jehan de Pondremont d'une part et à Denisot de Fosses d'autre part : III ob.

Item, pour v quartiers de terre ou environ, séans dessoux Ruys, qui fu ledit Raoul, tenant aus hoirs Robert le Sauvage d'une part, aboutan à la rivière d'Oize : II d.

Les hoirs Jehan de Pondremont, pour I quartier de vigne ou environ, séant au lieu dit au Puis qui fu Jehan des Hayes, et depuis Martin Billoust, tenant aus hoirs Raoul des Hayes d'une part et aus enfans Martin Billoust d'autre part : III ob.

Pierre le Charpentier, pour sa maison, court, jardin et lieu, si comme, etc., séant à Ruys au lieu dit à la Charière, laquelle fu Jehan Gougon et depuis Jehan Fuiron, tenant aus hoirs Raoul des Hayes d'une part et au chemin de la Charière d'autre part : XII s.

Jehan le Sauvage de Mourru, pour I arpent de terre ou environ, séant au lieu dit à la Voye des Préz, qui fu Estienne le Sauvage et Colette du Peupple, et souloit estre en II pièces tenant à Regnaut Paysant d'une part et aus hoirs Regnaut de la Chèze d'autre part : II d. ob.

Jehannin le Tavernier, pour environ demi quartier de vigne, séant au lieu dit le Grant Casteillon, qui fu Phelippe le Bouchier, tenant à la terre du curé de Ruis d'une part et aus hoirs Jehan de Pondremont d'autre part : XII d.

Somme : XXVI s. II d. ob. poit. p.

V. Cens communs deubz à Monseigneur et au dit escuir, chascun an, au terme de Saint-Remy, en la dicte ville de Ruys, sur amende de VII s. VI d. parisis.

Premièrement. — Jehan de Jaux le josne, pour environ demi

quartier d'aunoy, séant en Vaulx dessoux la maison Simon Billon, lequel fu Jaque du Puis, tenant à Simon Billon d'une part et audit Jehan de Jaux d'autre part, et pour environ IIII verges d'aunoy séans ou dit lieu au dessoux du Valet Lambert, qui furent ledit Jaque tenant à Robin le Bouq d'une part et à Perrot Fouillet d'autre part : v d. ob.

Item, pour demi arpent de vigne ou environ, séant au lieu dit desseure la Chièverue [1], qui fu Loys de Feux, tenant aus hoirs Phelippe le Bouchier d'une part et au chemin d'autre part : JIII d.

Les hoirs de feu Jaque Daniot, pour demi quartier d'aunoy, séant en Vaulx dessoux la maison qui fu Casot Grisel, tenant à Jehan de Jaux le josne d'une part et aus enfans Jehan Culot de Verberie d'autre part : VI d.

Item, pour un autre demi quartier d'aunoy, séant au lieu dit dessoux la Royauté, tenant à Simon Billon d'une part et à Guillot de Mengueval d'autre part : VI d.

Jehan Billon l'ainsné, pour sa maison et le jardin derrière, si comme etc., contenant environ demi arpent, séant au lieu dit l'Ourmel en Vaulx, qui fu Aliz la Besguesse et Jehannin Sadet, tenant au chemin qui va de Ruys à Roy d'une part et à Marion la Chapponnette d'autre part : III s.

Item, pour I quartier d'aunoy ou environ, séant au lieu dit en Vaulx, devant le pressoir, qui fu la dicte Aliz, tenant à Jehan le Sauvage d'une part et à Pierre Waure d'autre part : VI d.

Jehan de Jaux l'ainsné, pour son aulnoy, séant au lieu dit en Vaulx, dessoux le Valet Lambert, partissans contre Jehan de Jaux le josne et Perrot Fouillet à cause de sa femme, contenant environ VIII perches, tenant à Jehan Savary d'une part et à Simonnet des Voyes d'autre part, et pour VI perches d'aunoy ou environ, séans audit lieu de Vaux, dessoux la maison Simon Billon, tenant aus hoirs Casot Griset d'une part et d'autre : v d. ob.

Item, pour I quartier de vigne ou environ, séant au lieu dit en Baudry, qui fu Oudot de Jaux, son père, tenant à Jehannin Ayer d'une part et à Jehanne de la Valette d'autre part : III tour.

---

[1] *Chièverue*, rue principale, grand rue.

Item, pour environ I quartier, que maisières[1], que aunoy séans au pressoir de Vaulx tenant audit pressoir d'une part et aus enfans Martin Billoust d'autre part :   VI d.

Jehannin Ayer, pour VI perches de vigne, ou environ, séans au lieu dit en Baudry, qui fu Simon Boulemer, tenant à Jehan de Jaux l'ainsné d'une part et à Regnaut Paysant d'autre part : III ob.

Item, pour la court de sa masure et maisières, séans au lieu dit dessoux la Charière, qui fu ledit Simon, tenant à Guillaume de Mengueval d'une part et à Jehan de Jaux l'ainsné d'autre part :   poit.

Jehan le Sauvage, pour demi quartier de vigne ou environ, séant au lieu dit Chastillon, qui fu les enfans Jehan de Marchières, tenant à Phelippot le Sauvage d'une part et aus hoirs Robert le Sauvage d'autre part :   II d.

Item, pour le pignen de sa maison, où il demeure, séant devant la Croix de Ruys, tenant au chemin :   I d.

Symon Billon, pour sa maison et masure, séant au lieu dit en Vaulx, qui fu la Bouquesse, avec environ I quartier de jardin séant environ la dicte maison, tenant au chemin d'une part et à Simon de Jaux d'autre part :   VI s.

Item, pour I arpent, que terre, que aunoy, séant au lieu dit en la Royauté, tenant à Jehan Baillet de Paris d'une part et à Simon de Jaux d'autre part.   III s.

Phelippot le Sauvage, pour demi quartier de jardin ou environ, séant au lieu dit au Ru, qui fu Oudot Congnet, tenant à Colette la Fuironne d'une part et au chemin du Perchoy d'autre part :   XIII d. ob.

Item, pour environ demi quartier de vigne, séant au lieu dit à la Charière, que on dit les Escanges, qui fu Jehanne la Dalphine, tenant à Denisot de Fosses d'une part et à Jehannin Billon le josne, à cause des héritages Pondremont, que il tient à surcens, d'autre part :   V d. ob.

Item, pour environ demi quartier de vigne, séant au lieu dit en Chasteillon, qui fu les enfans Johan de Marchières, tenant aus enfans Martin Billoust d'une part et à Jehan le Sauvage de Ruis d'autre part :   II d.

---

[1] *Maisières*, enclos.

Gile Guerlant, à cause de sa femme, pour environ demi quartier de terre, séant en Vaulx, tenant à Jehan le Sauvage d'une part et au chemin qui va de Ruis à Noé Saint Martin d'autre part : iiii d.

Item, pour environ demi quartier de vigne séant au lieu dessus dit, tenant à Jehannin le Cornu d'une part et à Jehan le Sauvage d'autre part, aboutant sur le Clos de la Saux : iiii d.

Item, pour environ la moitié de demi quartier de vigne, séant au lieu dit en Houdiart, qui fu Galeran Lescripvain, tenant audit Gile Guerlant d'une part et à Jehannin Cornu d'autre part : iii d.

Item, pour environ demi arpent de terre, séant au lieu dit au Molin Moyen, qui fu Jehan de Civerières, tenant aus masures Phelippot le Sauvage d'une part et à Jehannin Guerry le josne d'autre part : i d.

Jehanne de la Valette, pour environ iii quartiers d'aunoy, séans devant le pressoir de Vaulx, laquelle fu Nicaise de la Valette, tenant à Simon de Jaux d'une part et à l'aunoy qui fu Marotte la Chapponne d'autre part aboutant au chemin : iii d.

Item, pour i quartier de terre ou environ, séant au lieu dit dessoux le Four, devant la Croix de Ruis, qui fu ledit Nicaise, tenant à Jehan de Meleun d'autre part et au chemin qui va ès préz d'autre part, aboutant à la fontaine : ob.

Robin le Bouq, pour environ i quartier d'aunoy, séant au lieu dit en Vaulx, qui fu Marion la Sauvage, tenant à Jehan Savary d'une part et aus hoirs Guibelet le Mortelier d'autre part : vii poit.

Item, pour environ viii perches d'aunoy en maréz, séant au dit lieu de Vaux, devant la maison Simon Billon, qui fu la dicte Marion, tenant à Simon Billon d'une part, aboutant au chemin qui va de Ruis à Noé Saint Martin : ob.

Item pour environ demi quartier de vigne, séant au lieu dit en Blaveton, partissant contre Guillemin le Charon et Jehan Piat le josne, laquelle fu Robert le Sauvage, tenant à Perrot Fouillet d'une part et à Jehannin le Sauvage de Mourru d'autre part : vii d et i tiers

Raoulin Chifflote, pour avoir l'aisement [1] à faire courir l'eaue par dessoux le chemin devant sa maison, du ru en son vivier en son courtil : i d.

---

[1] Aisement, faculté, permission.

Symon de Jaux, pour 1 quartier de vigne ou environ, séant au lieu dit en Aoustain, qui fu Colin Davoudet, tenant aus hoirs Robert le Sauvage d'une part, aboutant à la terre Raoul le Gruier :   III d.

Item, pour III quartiers de terre ou environ, séans au lieu dit en la Royauté, qui fu Jehan le Parmentier, tenant à Simon Billon d'une part et à Jehanne la Fuironne d'autre part :   III s.

Item, pour une pièce de vigne, contenant environ demi quartier, qui fu Bon Gilet, séant au dessus de la Royauté, tenant à Pierre Vilain d'une part et audit Simon d'autre part :   XII d.

Ledit Simon et Marie de Jaux, sa mère, pour demi quartier d'aunoy ou environ, séant au lieu dit au dessoux de la Royauté, lequel fu Messire Jehan Paysant, tenant à Guillaume de Mengueval d'une part et à Jehan de Jaux d'autre part :   II d.

Guillaume de Mengueval, pour sa vigne, séant au lieu dit en Chasteillon, tenant au curé de Ruys d'une part et au dit Guillaume d'autre part :   IIII d.

Sausset de Fresnel, escuier, pour la cuisine de son hostel de Saint Germain, qui fu messire Drieu de Maucourt :   III ob.

Item, pour I petit jardin, séant devant la porte dudit hostel, tenant au cimentière de Saint Germain :   ob.

Jehan Baillet de Paris, pour IIII arpens de préz ou environ séans au lieu dit dessoux Ruis, qui furent madame de Feniex, tenans à Phelippe de Feux d'une part et aus hoirs Jehan le Cordier d'autre part :   V d. ob.

Item, pour ses grouelles [1] de Bérengier séans au dessus du faoutel [2] de Saint Germain :   I d.

Jehan Mautondu, pour sa maison et masure, séant au dessoux de la Croix de Bacouel, avec I arpent de vigne et demi arpent de jardin ou environ, séans derrière la dicte maison, lesquelz furent Jehan le Charon, tenant au ru de Ruenne d'une part et à Jehan Baillet de Paris d'autre part, aboutant au chemin :   XVI s.

Jehan Hurtaut, pour avoir l'aisement de l'eaue de la fontaine de

---

[1] *Grouelles*, terrains pierreux.
[2] *Faoutel* (*fagetum*), futaie de hêtres dans le parc de Saint-Germain.

Saint Germain à aler en son rotoir [1], séant en son jardin, derrière sa maison, assise a Saint Germain, tenant au jardin du curé de Saint Germain :   vi d.

Les hoirs Pierre de Feux, pour i quartier de pré ou environ, séant dessoux Ruis, tenant à Gile Guerlant d'une part et à Pierre Pouillet d'autre part :   iii ob.

Phelippe de Feux, escuier, pour l'aisement de ce qu'il puet abmuer [2] parmi le chemin son pré, séant dessoux Ruis, tenant à Jehan Baillet de Paris d'une part et au chemin du Perchoy qui va au bac d'autre part aboutant au chemin.   vi d.

Les hoirs de feu Oudart de Feux, pour l'aisement de ce que ilz puent abmuer parmi le chemin leur pré, que on dit le pré d'Oroir, qui fu Pierre de Verrines, escuier, tenant à Denisot de Fosses d'une part et au chemin du Perchoy qui va au bac, aboutant à la masure la Hurée :   ii d.

Item, pour iii arpens de terre ou environ, séans au lieu dit à la Chèze, qui fu maistre Henry Pelet, tenant au ru de Ruenne d'une part, aboutant à Jehannin Guerry et as enfans Martin Billoust :   iii d.

Raoul de Suegy, dit le Gruier, escuier, pour vi arpens de terre ou environ, séans en la Montaigne, au lieu dit à l'Espinette, tenans aus Bruières d'une part et d'autre :   iiii d.

Item, pour i petit jardinet, séant emprès le molin dudit Raoul, tenant audit molin entre les ii ruz :   ob.

Galeran de Saint Leu, pour le tour de la roe de son molin, que on dit le molin Fauconnier, laquelle roe tourne en la terre des seigneurs de Ruis :   i d.

Perrot Fouillet, pour demi quartier d'aunoy ou environ, séant au lieu dit le Valet Lambert, qui fu Jaque Dupuis, tenant a Simon Billon d'une part et à Jehan de Jaux l'ainsné d'autre part :

Item, pour environ la moitié de demi quartier d'aunoy, séant en Vaulx, à l'endroit de la maison Simon Billon, tenant aus hoirs Casot Griset d'une part, aboutant au chemin, et pour environ la moitié de demi quartier d'aunoy, séant au lieu dit en la Royauté,

---

[1] *Rotoir*, mare où l'on fait rouir le chanvre.

[2] *Puet abmuer* (*potest amovere*) peut transporter.

tenant à Guillot de Mengueval d'une part et à Simon de Jaux d'autre part :　　　　　　　　　　　　　　　　　　v d. ob.

Le Chappellain de la Chappelle Saint-Jaque en l'église de Verberie, pour ii arpens de pré ou environ, séans dessoux Saint Germain, tenans aus préz Sausset de Fresnel d'une part et aus hoirs Bertran Rondel d'autre part :　　　　　　　　　　　i d.

Symon le Sauvage, pour environ i quartier de vigne, séant au lieu dit ou Val Engèle, qui fu Guillaume Garnier, tenant à Jehannin Pastoure et à Jehannin Billon le josne :　iii d. par. et i tour.

Item, pour demi quartier de vigne ou environ, séant à la pointe de Bacouel, qui fu Denisot Barre, tenant au long des ii chemins qui viennent de Roy à Verberie et de Pont à Béthisy, aboutant à la terre Jehanne de la Valette :　　　　　　　　　　iiii d.

Jehannin Billon le josne, pour environ i quartier de vigne, séant au lieu dit ou Val Engèle, qui fu Guillaume Garnier, tenant à Simonnet le Sauvage et partissant à lui :　iii d. par. et i tour.

Jehannin Pastoure, pour environ i quartier de vigne séant ou lieu dit ou Val Engèle, qui fut Guillaume Garnier, tenant à Simonnet le Sauvage et partissant à lui :　iii d. par. et i tour.

Jehan de Paris de Verberie, pour i quartier de vigne ou environ, séant au lieu dit ès Ruelles, qui fu Jehanne la Dalphine, tenant à Simon de Jaux d'une part et à Denis de Fosses d'autre part :　i d.

Jehan Carette, pour demi arpent de terre ou environ, séant dessoux Ruis, qui fu Jehan Carette, son père, tenant aus enfans Martin Billoust d'une part et aus hoirs Regnaut de la Chèze d'autre part :　　　　　　　　　　　　　　　　　　　　ob.

Guillemet le Charon et Jehan Piat, pour demi quartier de vigne ou environ, séant au lieu dit en Blaveton, partissant contre Robin le Bouq et Jehan le Sauvage de Mourru, laquelle fu Robert le Sauvage, et tenant aus dessus dis :　　　vii d. et i tiers.

Jehan le Sauvage de Mourru, pour demi quartier de vigne ou environ, séant au lieu dit en Blaveton, partissant contre les dessus dis, qui fu ledit Robert et tenant à yceulx :　vii d. et i tiers.

Jehan Meloun, à cause de sa femme, jadis femme de feu Jehan d'Estapples, pour sa maison et masure séant au pressoir de Ruis, qui fu Robert le Charpentier, avec environ i arpent et demi, que vigne, que jardin, séant environ la dicte maison, tenant à Jehan le Sauvage d'une part et à Messire Pierre des Voyes d'autre part :　　　　　　　　　　　　　　　　　　v s. ii d.

Les hoirs de feu Robert le Sauvage, pour demi quartier de terre ou environ, séant au lieu dit entre deux Chasteillons, qui fu Perrin Charon, tenant à Jehan le Sauvage de Ruis d'une part et d'autre :   I d.

Jehan Savary, pour environ I quartier d'aunoy, séant au lieu dit és Tourbières de Vaux dessoux le Valet Lambert, tenant au pré du Molin Henry d'une part et à Robin le Bouq d'autre part :   III ob.

Pierre Vilain, pour environ I arpent et demi de terre, ou jadis ot[1] vigne, séant en Vaulx, qui fu Jehan Savary, tenant à Simon Billon, et aboutant au chemin :   ob.

Item, pour environ demi quartier d'aunoy, séant en Vaulx, tenant aus hoirs Jaque des Voyes d'une part et aus hoirs Casot Grisel d'autre part :   III poit. et demie.

Les hoirs Raoul des Hayes, pour demi quartier de vigne ou environ, séant au lieu dit ou petit Casteillon, qui fu ledit Raoul, tenant à la vigne qui fu Denisot Barre d'une part et aus hoirs Nicaise de la Valette d'autre part :   III d.

Les dis hoirs, pour la moitié de demi quartier de vigne ou environ, séant derrière le Moustier de Ruis, qui fu Jehan Gougon, tenant à Jehannin Billon le josne d'une part et à Simon Billon d'autre part :   VI d.

Jehannin le Tavernier, pour sa maison et jardin, si comme etc., séant à Ruis au lieu dit le chemin du Perrichet, laquelle fu Pheippe le Bouchier, tenant aus hoirs Jehan de Roquemont d'une part, et aboutant sur le chemin :   VI d.

Jehan Coustant, à cause de sa femme, jadis femme de feu Phelippe le Bouchier, pour sa maison, jardin et lieu, si comme etc., séant au lieu dit le chemin du Perrichet, qui fu ledit Phelippe, avec I quartier de vigne ou environ, séant derrière la dicte maison, tenant à Jehan de Jaux le josne d'une part et aus hoirs Jehan de Roquemont d'autre part :   IIII s.

La fille de Jehan Culot, courdouonnier[2], demourant à Verberie, pour ses aulnois, séans en Vaulx, tenans à Simon de Jaux :   IIII d.

Item, pour ses autres héritages, qui furent Jehanne de Vaulx, assis audit lieu de Vaux :   III ob.

---

[1] *Ot (habuit)* il y out.
[2] *Cordouennier*, cordonnier.

Les hoirs Jehanne de la Cousture, pour demi arpent de terre ou environ, séant au lieu dit à la Gravelle dessoux Ruys, tenant à Raoul le Gruier d'une part et enfans Martin Billoust d'autre part : viii den.

Item, pour iii quartiers de terre ou environ, séans au lieu dit au Jonquoy, tenant à Jehan Hémart d'une part et à Phelipot le Sauvage d'autre part :

Pierre Pouillet de Compiengne, pour demi arpent de terre ou environ, séant au lieu dit au Jonqucy, qui fu Maistre Henry Pelet, tenant à Regnaut le Leu d'une part et aus enfans Martin Billoust d'autre part : iii d.

Les hoirs de feu Jehan de Pondremont, pour environ demi quartier d'aunoy, séant au lieu dit en Vaulx, qui fu Jehan Liberant, tenant à Simon Billon d'une part et à l'aunoy, que on dit l'Aunoy Fortin d'autre part : poit.

Pierre le Charpentier, pour ses maisières ou jadis ot maison, séans au lieu dit la Charière, qui furent Margot Larrivée et depuis messire Nicaise de Vaulx, tenant au chemin de la Charière d'une part et à la maison qu fu Jehan Gougon, qui a présent est ledit Pierre d'autre part : iiii s.

Item pour environ iii arpens de terre, séans en Vaulx, que on dit le clos lez Godez, tenant à Simon de Jaux d'une part et aus hoirs Jehan Baillet de Paris d'autre part, et va tout selon le chemin qui va de Ruis a Noé Saint Martin : ii s.

Item, pour environ i quartier de terre en vigne, séant au lieu dit ou Mont Roze, tenant aus bruières de la dicte montaigne d'une part et d'autre : i d.

Item pour environ iiii perches de terre en aunoy, séans au lieu dit en Bacouel, tenant à Regnaut Paysant d'une part et à la ruelle du Courtil du Temple d'autre part : ii d.

Item, pour environ vi perches d'aunoy, séans au lieu dit en Vaulx, en droit la terre du seigneur, qui fu Raoul des Hayes, tenant à Pierre Waure d'une part et aus enfans Martin Billoust d'autre part : iiii d.

Pierre Regnaut de Baray, pour demi arpent de vigne ou environ, séant au lieu dit en Vaulx en Houdiart, qui fu Mahieu de la Barre, tenant à Simon le Sauvage d'une part et à Jehan de Jaux l'ainsné d'autre part : iiii d.

Les hoirs Jehan le Cordier de Crespy, pour demi arpent de pré ou environ, séant dessoux le Courtil du prestre de Ruis et tenant à ycelui d'une part et d'autre :   v d.

Raoul de Haramont pour III quartiers de pré ou environ, séans dessoux Ruis dessoux la vigne Jehan du Buz, qui fu Gile Frezin, tenant à Phelippe de Feux :   v d.

Somme : LXVI s. VI d. poit. et demie p.

VI. Cens deubz aus dis seigneurs, chascun an, au terme de Saint Denis, en la dicte ville de Ruys, sur amende de VII s. VI d. parisis.

Les hoirs Regnaut de la Chèze, pour demi arpent de terre séant dessoux Ruys, tenant à Jehan le Sauvage d'une part, aboutant sur les terres Sausset de Fresnel :   VI d.

Les hoirs Jehan de Pondremont, pour leur aulnoy du Pont d'Ennel, contenant environ II arpens, que on dit l'Aunoy Monstoilles, tenant à la terre de Noé Saint-Martin, et aboutant au chemin :   IIII s.

Somme : IIII s. VI d. parisis.

VII. Cens deubz aus dis seigneurs, chascun an, au terme de Toussains, en la dicte ville de Ruis, sur amende de VII sols VI deniers parisis.

Jehan de Jaux l'ainsné, pour environ demi quartier de vigne, séant au lieu dit en Aoustain, qui fu Oudot de Jaux, son père, tenant aus religieuses du Parc d'une part et à Denisot de Fosses d'autre part :   II d. poit.

Item, pour environ demi quartier et III perches de vigne, séans en ce lieu, qui furent le dit Oudot, son père, tenans aus hoirs Robert le Sauvage d'une part et à Denisot de Fosses d'autre part :   II d. poit.

Jehan le Sauvage, pour demi quartier de vigne ou environ, séant au lieu dit en Houdiart, qui fu Mahieu de Jaux, tenant à Pierre Waure d'une part et audit Jehan d'autre part, et pour environ la moitié de demi quartier de vigne, séant audit lieu, qui fu ledit Mahieu, tenant à Jehan Billon le josne d'une part et à Jehan Billon l'ainsné d'autre part :   XVIII d.

Robin le Bouq, pour environ VIII perches de vigne séans au lieu dit en Aoustain, qui furent Perrot Fouillet, tenans audit Robin d'une part et d'autre, aboutant à la vigne de Jehan de Jaux l'ainsné : iiii d. ob.

Symon de Jaux, pour ii petites pièces de terre et vigne contenant environ demi quartier, qui furent Oudot de Jaux, séans au lieu dit en Aoustain, tenans à Robin le Bouq d'une part et audit Simon d'autre part : iiii d. ob.

Marotte de Jaux, pour une petite pièce de terre et vigne, contenant environ demi quartier, qui fu Oudot de Jaux, séans au lieu dit en Aoustain, tenant à Robin le Bouq d'une part et à Simon de Jaux d'autre part : iiii d. ob.

Lancelot Fouquère, pour environ i quartier d'aunoy séant au dessus du ruissel de la fontaine de Saint Germain, qui fu Pierre Darras, tenant à Robin le Bouq d'une part et aus seigneurs de Ruys d'autre part : xx d. poit.

Somme : iiii s. viii d. poit. par.

VIII. Cens deubz chascun an en la dicte ville aus dis seigneurs, au terme de Saint Martin d'iver sur amende.

Jehan de Jaux le josne, pour sa vigne contenant environ demi arpent, séant au lieu dit à la Charière, laquelle fu Jehan le Cordier de Verberie, tenant à Denisot de Fosses d'une part et audit Jehan d'autre part, aboutant au chemin qui va à la montaigne : xiiii d.

Jehan Cule et Perrot Cule, pour vii arpens de terre ou environ, séans au lieu dit dessoux Ruis, qui jadis furent Jehan Nevelon et Guiart Hare et depuis maistre Henry Pelet, tenans à Sausset de Fresnel d'une part et à Regnaut Leleu d'autre part : ix d. poit.

Symon Billon, pour i quartier de vigne ou environ, séant au lieu dit ou Valet Lambert, qui fu messire Nicaise de Vaulx, tenant à Simon de Jaux d'une part et audit Simon d'autre part. Item, pour environ i quartier de terre séant au lieu dessus dit tenant à Phelipot le Sauvage d'une part et à Pierre Vilain d'autre part, et pour environ demi quartier de vigne en friez, séant en ce lieu qui fu ledit messire Nicaise, tenant audit Phelipot d'une part et audit Simon d'autre part : x d.

Jehanne de la Valette, pour i quartier de terre ou environ, séant au lieu dit dessoux le Four devant la Croix de Ruis, qui fu Nicaise de la Valette, tenant à Jehan Meleun d'une part et au chemin qui va ès préz d'autre part, aboutant à la fontaine : xii d.

Symon de Jaux, pour 1 quartier de vigne ou environ, séant au lieu dit le Valet Lambert qui fu messire Nicaise de Vaux, tenant audit Simon d'une part et d'autre, aboutant au chemin qui va de Ruis à Noé Saint Martin : x d.

Les hoirs de feu Michel Rondel, par la main de Jehan Hurtaut, pour 1 arpent de vigne ou environ, séant de costé le moustier de Saint Germain, tenant au curé dudit Saint Germain d'une part et au moustier d'autre part : I d.

Item, pour les maisières cave et masure, séans dessoux ladicte vigne, et tenant à ycelle et au chemin qui va de Ruis à Verberie : III ob.

Les hoirs Jehan Manecier, pour environ 1 arpent, que vigne, que annoy, séant au dessus de la fontaine de Saint Germain, laquelle vigne fu Bernard Jourre, tenant au chemin qui vient de la fontaine de Saint Germain ès préz d'une part et à Oudot Angoulet d'autre part : IIII d.

Les hoirs Jehanne de la Cousture, pour demi arpent de pré ou environ, séant dessoux Saint Germain, au dessous de la fontaine de Blaveton, qui fu Oudart de la Cousture, tenant à Pasquier le Charon d'une part et à Guillot des Hayes d'autre part : I d.

Item, pour 1 quartier de pré ou environ, séant dessoux Saint Germain, qui fu Jaque de la Valette, tenant à Pasquier le Charon d'une part et aus hoirs Jaque de Feux d'autre part : I d.

Pasquier le Charon, pour demi arpent de pré ou environ, séant dessoux Saint Germain, au dessous de la fontaine de Blaveton, tenant à Guillot des Hayes et aus hoirs Jehanne de la Cousture d'autre part : II d.

Raoulin de Fosses, pour demi quartier de vigne ou environ, séant au lieu dit au Coulombier, qui fu messire Nicaise de Vaulx, tenant à Pierre Fouillet d'une part et aus hoirs Guibelet le Mortelier d'autre part : xx d.

Jehan Meleun, pour sa terre séant devant la Croix de Ruis, tenant aus hoirs Nicaise de la Valette : II d.

Les hoirs Guibelet le Mortelier, pour leur vigne du Martroy, contenant environ 1 quartier, qui fu Jehanne la Rivée, tenant à Raoul le Gruier d'une part et aus dis hoirs d'autre part :
VI d. par. et I tour.

Item, pour 1 quartier de vigne séant au lieu dit dessus le Coulombier, laquelle fu Jehan Gougon, tenant à l'éritage des dis hoirs d'une part et d'autre : III s.

Les hoirs de feu Jehan des Voyes, dit Jouan, pour environ demi arpent, que terre, que vigne, séant au lieu dit au Pont d'Annéel, tenant à Colin Hare d'une part et au chemin qui va de Noé Saint Martin à Saint Germain d'autre part : III s.

La Maladerie de Verberie, pour environ I arpent de vigne, séant à Saint Germain, tenant à Robin Barbin d'une part et à Pierre d'Outra d'autre part, et la tient à surcens Warnet le Parmentier : I d.

Robert Raffaou, à cause de sa femme, jadis femme de feu Phelippe de Pierrefons, pour demi arpent de vigne ou environ, séant à Saint Germain, qui fu ledit Phelippe, tenant à la vigne de la Maladerie de Verberie d'une part et à Jehannin le Parmentier d'autre part, et la tient à surcens Robin Barbin : IIII d.

Colin Hare, pour environ III quartiers de vigne, séant au lieu dit au pont d'Anneel, laquelle fu Jehan Hare, tenant à la fille Jehan Culot d'une part et aus hoirs Jehan des Voyes d'autre part : II s.

Somme : XVI s. III d. ob. par.

IX. Frans vinages, deubz aus dis seigneurs, chascun an, au terme de Saint Martin d'iver, en la dicte ville de Ruys, sur amende de VII s. VI d par.

Les hoirs de feu Guibelet le Mortelier, pour environ III quartiers, que vigne, que terre, séant au lieu dit au Puis, laquelle fu messire Nicaise de Vaulx, tenant à Jehan de Jaux le josne d'une part et à Jehannin Guerry d'autre part : III s. IIII d.

Somme par soy.

X. Vinages et past, deubz aus dis seigneurs chascun an, au terme de Saint Martin d'iver, en la dicte ville de Ruis, et se vont recevoir d'ostel en hostel par les gens des seigneurs, esquels vinages n'y a point d'amende, mais ou dit past y a LX s. parisis d'amende, et se paye le dit past le dit jour sur la dicte amende.

Jehan de Jaux le josne, pour sa maison, jardin et vigne, contenant environ demi quartier, séant au lieu dit au Ru, laquelle fu Jehan Guivant, tenant au chemin d'une part et audit Jehan d'autre part : II los de vin.

Item, pour sa maison séant en ce mesme lieu qui fu ledit Jehan, tenant aus hoirs Phelippe le Bouchier d'une part et au chemin d'autre part : ii setiers de vin.

Jehan Billon l'ainsné, pour sa maison et le jardin derrière, si comme etc., contenant environ demi arpent, séant au lieu dit l'Ourmel en Vaulx, laquelle fu Aliz la Besguesse et Jehannin Sadet, tenant au chemin qui va de Ruis à Roy d'une part et à Marion la Chapponnette d'autre part : iiii los de vin et ob. de part.

Jehan de Jaux l'ainsné, pour i quartier de terre ou environ, séant au lieu dit en Bacouel, qui fu Jehan le Cordier, tenant à Guillot des Hayes d'une part et aus enfans Martin Billoust d'autre part : iii los de vin.

Les religieuses du Parc, pour environ i arpent de vigne, séant au lieu dit au Parc, tenant à Denisot de Fosses d'une part et à Robin le Bouq d'autre part, et la tient à surcens Marotte de Jaux, Pierre Fouillet et Jehan de Jaux l'ainsné : xii los de vin.

Jehannin Cornu, pour demi arpent de vigne ou environ, séant au lieu dit en Houdiart, qui fu Colette du Peupple, tenant à Jehan Sauvage d'une part et aus hoirs Nicaise de la Valette d'autre part : viii los de vin et ob. de past.

Jehan le Sauvage pour i quartier de terre ou environ, séant au lieu dit en Houdiart, qui fu Perrenelle la Sauvage, tenant à Jehannin le Cornu d'une part et à Jehannin Guerry d'autre part, et pour i quartier de vigne ou environ, séant en ce dit lieu, qui fu la dicte Perrenelle, tenant à Gile Guerlant d'une part et d'autre, aboutant au chemin d'entre ii vignes : viii los de vin.

Item pour i quartier d'aunoy ou environ, séant au lieu dit en Vaulx, qui fu la dicte Perrenelle, tenant à Guillaume des Hayes d'une part et à l'aunoy qui fu Adam Chappon d'autre part :
 v choppines de vin.

Item pour i quartier de vigne ou environ, séant au lieu dit au Puis, laquelle fu Nicaise de la Valette, tenant à Raoulin de Fosses d'une part et à Guillot des Hayes d'autre part : iiii los de vin.

Symon Billon, pour iii quartiers de vigne ou environ en friche, séans au lieu dit en Vaulx, qui furent Casot Grisel et depuis Robin Claron, tenant à Phelipot le Sauvage d'une part et d'autre aboutant au chemin : xxiii los et demi de vin et ii den. de past.

Les hoirs de feu Jaque Daniot, pour i arpent de vigne ou environ, séant au lieu dit en Casteillon, qui fu Jehan Davoudet, tenant

à Denisot de Fosses d'une part et d'autre et la tient Simon Billon :
une choppine de vin.

Jehanne de la Valette, pour I quartier de terre ou environ, séant au lieu dit entre II ruelles, laquelle fu Nicaise de la Valette, tenant à Guillot des Hayes d'une part et au curé de Ruis d'autre part :
III los de vin.

Item, pour environ III quartiers d'aunoy, séans devant le pressoir de Vaux, lequel fu ledit Nicaise, tenant à Simon de Jaux d'une part et à l'aunoy qui fu Marotte la Chapponne d'autre part, aboutant au chemin :
I lot de vin.

Item, pour environ I quartier de vigne, séant au lieu dit dessus le Chesne, qui fu ledit Nicaise, tenant à Guillot des Hayes d'une part et aus enfans Martin Billoust d'autre part :
III los de vin et ob. de past.

Jehannin Guerry, pour demi quartier d'aunoy ou environ, séant au lieu dit au Maréz de Vaulx, qui fu Jehanne la Dalphine, tenant à Simonnet le Sauvage d'une part et à Jehannin Billon le josne d'autre part :
I lot de vin.

Item, pour la moitié de environ III quartiers, que pré, que terre, partissans contre les enfans Martin Billoust, séant au lieu dit dessoux Saint Germain, qui fu Robert Dalphin, tenant aus hoirs Pierre de Feux d'une part et aus hoirs Jehan le Cordier d'autre part :
II los et III choppines de vin et III poit. de past.

Item, pour VII quartiers de terre ou environ, séans au lieu dit le Molin moyen, qui fu la dicte Jehanne, tenant à Gile Guerlant d'une part et aus enfans Martin Billoust d'autre part :
II los et demi de vin.

Item, pour I quartier tierceran de terre, ou jadis ot vigne, séant au lieu dit Montoilles, qui fu Gile Dalphin, tenant au clos Jehan de Buz d'une part et à Gilot Arrivé d'autre part :
II los de vin et poit. de past.

Robin le Bouq, pour environ demi quartier tierceran de vigne, séant au lieu dit en Acustain, qui fu Estienne de la Valette, tenant à Denisot de Fosses d'une part et au dit Robin d'autre part :
V choppines de vin.

Symon de Jaux, pour sa masure et maisières de Vaulx, avec I jardin derrière, contenant environ la moitié de demi quartier, tenant à Jehan de Compiengne d'une part et à l'éritage, qui fu

Jehan Savary, qui à présent est ledit Simon, d'autre part, et pour demi quartier de vigne ou environ, séant oudit lieu, tenant à Jehan de Compiengne d'une part et à Jehannin le Parmentier d'autre part :   demi quartier de vin, vault x los, et i d. de past.

Jehan Gougon pour sa maison, masure et jardin séant emprès la fontaine de Ruys qui fu Phelippe Fuiron, tenant à Perrot Fouillet d'une part et au ruissel de la Fontaine tout au long d'autre part et la tient à surcens Simon de Jaux :
xviii los et iii choppines de vin et iii d. ob. de past.

Guillaume de Mengneval, pour sa maison et masure ou il demeure, séant à Ruis avec un jardin derrière si comme etc. contenant environ i arpent que terre, que aunoy, qui fu Jehan Huet, tenant à Jehannin Ayer d'une part et à Guillot des Hayes d'autre part :   x setiers et demi de vin, val. xlii los, et iii den. de past.

Les hoirs de feu Jaque Daniot, pour environ i quartier tierceran de vigne, séant au lieu dit le petit Aoustain, qui fu Pierre Waure, tenant à Raoul le gruier d'une part et à Sausset de Fresnel d'autre part :   viii los de vin.

Les hoirs de feu Oudart de Feux, pour i quartier de vigne ou environ, séant au dessus de la croix de Bacouel, qui fu Jehanne la Dalphine, tenant aus hoirs Jaque de Feux d'une part et audit Waure d'autre part :   ii los de vin.

Les enfans Martin Billoust, pour environ demi arpent d'aunoy ou maréz, séant en Vaulx, qui fu ledit Martin, tenant à Jehan le Sauvage d'une part et à Guillaume des Hayes d'autre part :
i lot de vin.

Item, pour la moitié d'environ iii quartiers, que pré, que terre, partissant contre Jehannin Guerry, séant dessoux Saint Germain, tenant aus hoirs Pierre de Feux d'une part et aus hoirs Jehan le Cordier d'autre part :
ii los et iii choppines de vin et iii poit. de past.

Item, pour i quartier de vigne, séant au lieu dit en la Chièverue, tenant à Jehan Fuiron d'une part et à Gilot Arrive d'autre part :
ii los de vin et poit. de past.

Item pour i quartier de vigne ou environ, séant au lieu dit derrière Chasteillon, tenant à Jehannin Fuiron d'une part et à Denisot de Fosses d'autre part :   i lot de vin.

Raoul de Suegy, dit le Gruier, escuier, pour environ iii quartiers d'aunoy, séans au dessous de la fontaine du Martroy, tenans aus hoirs Guibelet le Mortelier d'une part et à Guillot des Hayes d'autre part : x los de vin.

Perrot Fouillet, pour I quartier de vigne ou environ, séant au lieu dit au Coulombier, laquelle fu Oudot de Jaux, tenant à Raoul le Gruier d'une part et à Raoulin de Fosses d'autre part :
xix los de vin et poit. de past.

Jehanne Fuironne, pour demi quartier ou environ, que terre, que vigne, séant au lieu dit à la Royauté, tenant à Jehan des Voyes d'une part et à Simon Billon d'autre part : II los de vin.

Les hoirs de feu Adam Fuiron, pour I quartier de vigne ou environ, séant au lieu dit le Grant Chasteillon, au lez devers le ru de Ruenne, tenant à Colette la Fuironne d'une part et à Gile Guerlant d'autre part : II los de vin.

Symon le Sauvage, pour le tiers d'une pièce de terre contenant environ III quartiers, séans au lieu dit en Vaulx, qui fu Guillaume le Sauvage, tenant à Jehannin de Fayel d'une part, et pour les maisières, séans dessoux ycelle : I lot de vin et I tiers.

Item pour I quartier de vigne ou environ, séant au lieu dit en Chasteillon, qui fu Denis Barre, tenant aus hoirs Pierre Fuiron d'une part et à Guillaume de Mengneval d'autre part :
IIII los de vin.

Item pour demi quartier de vigne, séant au dessoux du Petit Chasteillon, qui fu ledit Denis, tenant aus hoirs Raoul des Hayes d'une part et d'autre : IIII los de vin.

Jehannin Billon le josne, pour le tiers d'une pièce de terre contenant environ III quartiers, séant au lieu dit en Vaulx, qui fu Guillaume le Sauvage, tenant à Jehannin de Fayel d'une part et pour lez maisières, séans dessoux ycelle : I lot de vin et I tiers.

Jehannin Pastoure, pour le tiers d'une pièce de terre contenant environ III quartiers, séant au lieu dit en Vaulx, qui fu Guillaume le Sauvage, tenant à Jehannin de Fayel d'une part et pour lez maisières séans dessoux ycelle : I lot de vin et I tiers.

Pierre Regnaut, pour I arpent et demi de vigne ou environ, séant au lieu dit au Treu Saint Pierre, qui fu Jehan le Cordier, tenant à Nevelon Belassez d'une part et à Jehannin Billon l'ainsné d'autre part : vi los de vin.

Colette la Fuironne, pour I quartier de vigne ou environ, séant

au lieu dit la Chièverue, qui fu Pierre Fuiron tenant à Phelipot Sauvage d'une part et aus enfans Martin Billoust d'autre part :
II los de vin et poit. de past.

Item pour demi quartier de vigne ou environ, séant au lieu dit entre II Chasteillons, laquelle fu Jehan d'Estapples, tenant aus hoirs Guibelet le Mortelier d'une part et à Jehan Meleun d'autre part :
II los de vin et poit. de past.

Jehan Meleun, pour environ I quartier de terre, séant au lieu dit en Vaulx, qui fu Robert le charpentier, tenant à Jehannin Cornu d'une part et d'autre aboutant au chemin :
IIII los de vin et ob. de past.

Item pour demi quartier de vigne ou environ, séant au lieu dit entre II Chasteillons, qui fu Jehan d'Estapples, tenant à Jehan de Jaux d'une part et à Colette la Fuironne d'autre part :
II los de vin et poit. de past.

Jehan Hemard, pour la moitié de V quartiers de terre ou environ, séans au lieu dit à la Gravelle, selon la rivière d'Oise, laquelle fut Jehan des Hayes et Jehan Huet, tenant à Jehan le Sauvage, de Ruis, d'une part et à Madame de Chevreuses d'autre part :
demi lot de vin.

Les hoirs de feu Robert le Sauvage, pour la moitié de V quartiers de terre ou environ, séans au lieu dit à la Gravelle selon la rivière d'Oise, laquelle fu Jehan des Hayes et Jehan Huet, tenant à Jehan le Sauvage de Ruis d'une part et à Madame de Chevreuses d'autre part :
demi lot de vin.

Les hoirs Raoul des Hayes, pour demi-quartier d'aunoy ou environ séant au lieu dit en Vaulx, qui fu le dit Raoul tenant à Jehan le Sauvage d'une part, et à Jehannin Pastoure d'autre part :
I lot de vin.

Item, pour I quartier de vigne ou environ, séant au lieu dit au Puis, qui fu le dit Raoul, tenant aus hoirs Jehan de Pondremont d'une part, et à Denis de Fosses, d'autre part : I lot et demi de vin.

Item, pour I quartier de vigne ou environ, séant au lieu dit entre II Chasteillons qui fu ledit Raoul, tenant aux hoirs Denisot Barre d'une part, et à Jehanne de la Valette d'autre part : II los de vin.

Item, pour I quartier de terre ou environ, séant au lieu dit au Puis, qui fu ledit Raoul, tenant au curé de Ruys d'une part et aus dis hoirs d'autre part : II los de vin.

Item, pour I quartier de terre ou environ, séant au lieu dit entre II ruelles, qui fu le dit Raoul, tenant aux hoirs Nicaise de la Valette d'une part, et à Jehan de Jaux d'autre part :

III los et le tiers de demi lot de vin.

La fille de Jehan Culot, cordouennier, demourant à Verberie, pour ses maisières et masure, séans au lieu dit en Vaulx, qui furent Casot Griset, tenans à Simon Billon d'une part et d'autre, aboutans entre les II Chemins, qui vont de Ruis à Noé Saint Martin.

Item, pour un autre masure et jardin, contenant environ demi arpent, séant au lieu dit entre II chemins, aboutans à Simon Billon d'une part, et à Pierre Vilain d'autre part. Item, pour environ demi quartier d'aunoy, séant au lieu dit au dessous du Pont d'Anneel, tenant à Simon Billon d'une part, et aus hoirs Jehan de Pondremont d'autre part. Item, pour environ demi quartier d'aunoy, séant en ce lieu, tenant aus hoirs Jehan Hare d'une part, et à Simon Billon d'autre part. Item, pour environ IIII perches d'aunoy, séans au lieu dit en Vaulx, partissans contre Simon Billon, tenant au dit Simon d'une part et à Perrot Compiengne d'autre part. Item, pour environ demi quartier d'aunoy, séant au dit lieu de Vaulx, tenant à Robin le Bouq d'une part, aboutant à l'aunoy du prébitaire de Noé Saint Martin. Item, pour demi quartier d'aunoy ou environ, séant au dit lieu de Vaulx, devant la maison Simon Billon, tenant au dit Simon d'une part, et à Simon de Jaux d'autre part. Item, pour une autre pièce d'aunoy, séant en ce mesme lieu, contenant environ demi quartier, tenant à Jehan de Jaux le josne d'une part, et à Pierre Fouillet d'autre part. Item, pour environ I quartier de vigne en friche, séant au dessus de la masure dessus dicte, tenant à Simon de Jaux d'une part et d'autre ; et pour I petit quarrel de vigne en friche, séant en ce dit lieu, tenant à Simon de Jaux d'une part et à Jehan Billon l'ainsné d'autre part;

pour tout, I quartier de vin, vault XX los, et II den. de past.

Jehannin le Tavernier pour demi quartier de vigne ou environ, séant au lieu dit au petit Chasteillon, laquelle fu Phelippe le Bouchier, tenant aus hoirs Adam Fuiron d'une part :

II los de vin et poit. de past.

Ledit Jehannin le Tavernier et Jehan Coustant, à cause de sa femme, pour demi arpent de vigne ou environ, séant au lieu dit le

Grant Chasteillon, qui fu Phelippe le Bouchier, tenant à Phelipot le Sauvage d'une part, et aux hoirs Martin Billoust d'autre part :

 ıı los de vin et poit. de past.

Ledit Jehannin le Tavernier, pour sa maison et jardin, si comme etc., séant au lieu dit le Chemin du Perchoy, qui fu ledit Phelippe, tenant aus hoirs Jehan de Roquemont d'une part, aboutant sur le chemin : vıı choppines de vin.

Madame de Chevreuses, pour ı quartier tierceran de vigne, séant au dessus du Moustier de Ruis, qui fu Jehanne la Dalphine et depuis Galeran Lescripvain, tenant à Perrot Fouillet d'une part, aboutant à Pierre Regnaut d'une part et à Jehan le Sauvage d'autre part ; et la tient à surcens Jehannin le Tavernier : ıı los de vin.

Gilot Arrive, pour les héritages qui furent Oudart Niélart, séans au lieu dit en Monstoilles et en la Chièverue : ı lot et demi de vin.

Les hoirs Jehanne de la Cousture, pour ı quartier de terre ou environ, séant au lieu dit à la Chèze, tenant à Jehannin Guerry d'une part et aus hoirs Oudart de Feux d'autre part : ıı los de vin.

Les hoirs Jehan de Pondremont, pour la moitié de ı quartier tierceran de vigne, séant au lieu dit au Puis, laquelle fu Jehan des Hayes, tenant aus hoirs Raoul des Hayes d'une part et à Jehan de Jaux l'ainsné d'autre part: ııı choppines de vin.

La femme feu Jehan des Hayes, pour l'autre moitié de ladicte vigne, partissant contre lesdis hoirs : ııı choppines de vin.

Les hoirs feu Guibelet le Mortelier, pour environ v quartiers, que vigne, que jardin, séans ès Courtieux [1] de Ruis entre le lieu dit le Coulombier et la Charière, laquelle fut Jehanne la Rivée et sa fille, tenant à Raoul le Gruier d'une part et à la Charière d'autre part : xı los et demi de vin et ı den. ııı poit. de past.

Denisot de Fosses, pour environ ı quartier tierceran, que vigne, que terre, séant au lieu dit au Puis, tenant aus hoirs Raoul des Hayes d'une part et aus hoirs Jehan le Cordier de Verberie d'autre part : ıı los de vin et ob. t. de past.

Raoulin de Fosses, pour environ demi quartier, que terre, que vigne, séant au lieu dit au Coulombier laquelle fu messire Nicaise de Vaux, tenant à Perrot Fouillet d'une part et aus hoirs Guibelet le Mortelier d'autre part : vı los de vin et ııı poit. de past.

---

[1] *Courtieux*, terres plantées comme les jardins.

Phelippe le Cordier, pour III quartiers de terre ou environ, séans au lieu dit à la Chèze, qui furent Robin Claron et Jehan le Conte, et souloient estre en II pièces tenant au rotoir du Chesne d'une part et aus hoirs Jehanne de la Cousture d'autre part :
IIII los et une choppine de vin et ob. de past.

Pierre le Charpentier, pour I petit quarrelet d'aunoy, séant au lieu dit en Vaulx, dessoux la maison Robin le Bouchier, tenant à Jehan le Sauvage d'une part et aus enfans Martin Billoust d'autre part :
V choppines de vin.

Somme : trois cens sept los une chopine et le tiers de demi lot de vin et XX d. demi poit. par. de past.

XI. Rentes de bléz, appellées Byez, deues chascun an ausdis seigneurs en la dicte ville de Ruis, le dimenche prochain, après la Saint Martin d'iver, sur amende de VII sols VI d. par.

Jehan de Jaux le josne, pour demi quartier de terre ou environ, séant au lieu dit en Pucelet, qui fu Jehan Guivant, tenant à Phelipot Congnet d'une part et à Jehannin le Tavernier d'autre part :
le VIIIe d'un boissel de blé.

Jehannin Ayer, pour I quartier de terre ou environ, séant au lieu dit en Pucelet, qui fu Simon Boulemer, tenant à Denisot de Fosses d'une part et à Jehannin le Tavernier d'autre part :
le VIIIe d'un boissel de blé.

Jehan Billon l'ainsné, pour sa maison et le jardin derrière, si comme etc., contenant environ demi arpent, séant au lieu dit à l'Ourmel en Vaulx, laquelle fu Aliz la Besguesse et Jehannin Sadet, tenant au chemin qui va de Ruis à Roy d'une part et à Marion la Chapponnette d'autre part :
I boissel de blé.

Item, pour environ I quartier de terre en friche, séant au lieu dit en Houdiart, qui fu Jehannin le Cornu, tenant à Jehan le Sauvage d'une part et à Jehan le Cornu d'autre part :
I boissel de blé.

Jehan de Jaux l'ainsné, pour environ demi quartier de vigne, séant au lieu dit en Bacouel, dessus le clos, laquelle fu Jehan le Lorrain, tenant à Phelipot Sauvage d'une part et au chemin d'autre part :
I boissel.

Item, pour demi quartier de vigne ou environ, séant au lieu dit entre deux ruelles en Bacouel, laquelle fu Nicaise de la Valette, tenant à Denisot de Fosses d'une part et aus hoirs Phelippe le Sauvage d'autre part :   i boissel.

Item, pour i quartier de terre ou environ, séant au lieu dit en Bacouel, qui fu Jehan le Cordier, tenant à Guillot des Hayes d'une part et aus enfans Martin Billoust d'autre part :
le tiers d'un boissel de vi à la mine.

Item, pour demi quartier de vigne ou environ, séant au lieu dit à la Charière, qui fu Nicaise de la Valette, tenant à Gilot Arrive d'une part et à Regnault Paysant d'autre part :
demi boissel de vi à la mine.

Jehannin le Cornu, pour demi arpent de terre ou environ, séant au lieu dit Houdiart, qui fu Regnaut Paisant, tenant à Jehan Meleun d'une part et à Madame de Chevreuses d'autre part :
i boissel de blé.

Item, pour environ demi arpent de vigne, séant au lieu dit en Houdiart, qui fu Colette du Peupple, tenant à Jehan Sauvage d'une part et aus hoirs Nicaise de la Valette d'autre part :
v boissiaux de blé.

Item, pour demi quartier de terre ou environ, séant en ce lieu, laquelle fu Nicaise le Coq, tenant aus hoirs Nicaise de la Valette d'une part et à Jehan Meleun d'autre part :
lez iii pars d'un boissel de blé.

Jehan le Sauvage, pour demi arpent de terre ou environ, séant au lieu dit à la Gravelle dessoux Ruis, qui fu Nicaise de la Valette, tenant aus hoirs Robert le Sauvage de ii lèz, aboutant sur la rivière :   i boissel de blé.

Item, pour i quartier de terre, séant au lieu dit à la Voye des préz, qui fu ledit Nicaise, tenant à Regnaut Paysant d'une part et aus hoirs Regnaut de la Chèze d'autre part :
lez iii pars d'un boissel.

Item, pour sa masure séant au Molin Moyen, contenant environ vi perches de jardin, qui fu Pierre le Sauvage, tenant à Jehannin le Sauvage de Mourru d'une part et à Phelippe le Sauvage d'autre part :   le viiie de demi boissel.

Phelipot le Sauvage, pour environ i quartier de vigne, séant au lieu dit en Bacouel, qui fu Oudot Congnet, tenant à Jehan de Jaux d'une part et à Jehanne de la Valette d'autre part :   i boissel.

4

Item, pour demi quartier de terre, séant au lieu dit en Pucelet, qui fu ledit Oudot, tenant à Jehanne de la Valette d'une part et à Jehan de Jaux le josne d'autre part. Le viii° d'un boissel.

Item, pour environ la moitié de demi quartier de jardin, séant au lieu dit dessoux le Molin Moyen, lequel jardin fu ledit Oudot, tenant à Jehannin le Sauvage d'une part et au molin d'autre part.
lez ii pars d'un boissel.

Les hoirs de feu Jaques Daniot, pour i arpent de vigne ou environ, séant au lieu dit en Chasteillon, qui fu Jehan Davoudet, tenant à Denisot de Fosses d'une part et d'autre, et la tient à surcens Simon Billon : demi boissel.

Gile Guerlant, pour environ demi arpent de terre, séant au lieu dit au Molin Moyen, laquelle fu Jehan de Civerières, tenant à Phelipot le Sauvage d'une part et à Jehannin Guerry d'autre part :
i quartier de blé.

Item, pour une pièce de pré, contenant environ demi quartier, séant dessoux le Gaing du Maréz, lequel fu Estienne le Sauvage, tenant aus hoirs Jehan de Pondremont d'une part et aus hoirs Oudart de Feux d'autre part, et pour environ i quartier de pré, séant en ce lieu qui fu ledit Estienne, tenant aus hoirs de Pondremont d'une part et aus hoirs Pierre de Feux d'autre part :
i boissel et demi de blé.

Item, pour environ demi quartier de vigne, séant au lieu dit en Houdiart, tenant à Jehan le Sauvage d'une part et à Belet la Garnière d'autre part : le viii° d'un boissel.

Belet la Garnière, pour demi quartier de vigne ou environ, séant au lieu dit en Houdiart, tenant à Gile Guerlant d'une part et à Simon le Sauvage d'autre part : le viii° d'un boissel.

Jehanne de la Valette, pour i quartier de terre ou environ, séant au lieu dit dessoux le Four devant la Croix de Ruys, qui fu Nicaise de la Valette, tenant à Jehan Meleun d'une part et au chemin qui va ès préz d'autre part, aboutant à la fontaine : demi boissel.

Item, pour i quartier de terre ou environ, séant au lieu dit entre ii ruelles, qui fu ledit Nicaise, tenant à Guillot des Hayes d'une part et au curé de Ruis d'autre part :
le tiers d'un boissel de vi à la mine.

Item, pour demi quartier de terre ou environ, séant au lieu dit en Houdiart, qui fu ledit Nicaise, tenant à Jehan le Cernu d'une part et d'autre : ↦ ɪ boissel et ɪ quart.

Item, pour demi quartier de terre en aulnoy ou environ, séant au lieu dit en Pucelet, qui fu ledit Nicaise, tenant à Phelipot le Sauvage d'une part et d'autre : ↦ le quart d'un boissel.

Regnaut Paysant, pour ɪ quartier de terre, séant au lieu dit à la Voye des Préz, laquelle fu Alixandre la Paysande, tenant à Jehan le Sauvage de Ruis d'une part et à Jehan le Sauvage de Mourru d'autre part : ↦ la moitié des ɪɪɪ pars d'un boissel.

Item, pour demi quartier tierceran de terre, séant ou lieu dit ou clos de Bouffoy, tenant à Jehan Mautondu d'une part et d'autre : ↦ les ɪɪɪ pars d'un boissel.

Jehannin Guerry, pour ɪ quartier de terre ou environ, séant au lieu dit entre ɪɪ ruelles, qui fu Jehanne la Dalphine, tenant aus enfans Martin Billoust d'une part et à Jehan Meleun d'autre part : ↦ demi boissel de blé de ᴠɪ è la mine.

Item, pour ᴠɪɪ quartiers de terre ou environ, séans au lieu dit dessus le Molin Moyen, qui fu ladicte Jehanne, tenant à Gile Guerlant d'une part et aus enfans Martin Billoust d'autre part : ↦ ɪɪ boissiaux et le ᴠɪᵉ d'un boissel.

Symon de Jaux, pour demi quartier de vigne ou environ, séant dessous le Mont Rozel, laquelle fu Oudot de Jaux, tenant à l'éritage de la cure de Ruys d'une part et à Jehannin Billon le josne d'autre part : ↦ lez ɪɪɪ pars d'un boissel.

Les hoirs Jaque de Feux, pour ɪ arpent et demi de terre ou environ, séant dessoux Ruis, qui fu Pierre de Feux, tenant à la terre du curé de Ruis, aboutant aux préz dessous Ruis : ↦ ɪ boissel de ᴠɪ à la mine.

Pierre Waure, pour une pièce de terre, séant au lieu dit ou Petit Brueil, contenant ɪɪɪ quartiers ou environ, tenant à la terre Madame de Chevreuses d'une part : ↦ ɪ boissel de blé.

Item, pour demi arpent de terre, séant dessocx Ruis, tenant aus hoirs Raoul des Hayes : ↦ ɪ boissel de blé.

Les enfans Martin Billoust, pour demi quartier tierceran de terre ou environ, séant au lieu dit entre ɪɪ ruelles, tenant à Jehannin Guerry d'une part et à Jehan de Jaux l'ainsné d'autre part : ↦ demi boissel de blé.

Item, pour ⅲ quartiers et demi de terre ou environ, séans dessoux Ruis à l'endroit de la Motte, tenant à la terre des seigneurs de Ruis d'une part et à Guillaume des Hayes d'autre part :
ⅲ boissiaux de blé.

Les hoirs de feu Jaque Daniot, pour environ demi quartier d'aunoy, séant au lieu dit la ruelle Chappiton, lequel fu Pierre Waure, tenant à Demisot de Fosses d'une part et d'autre :
demi boissel.

Gobin Coustant, pour demi quartier de jardin ou environ, séant au lieu dit au Ru, lequel fu Pierre le Sauvage, tenant à Jehan le Sauvage de Mourru d'une part et d'autre : le ⅷe d'un boissel.

Madame de Chevreuses, pour ⅰ arpent de terre ou environ, séant dessoux Ruis, lequel fu Henry Lescripvain, tenant aus enfans Martin Billoust d'une part, aboutant sur lez prèz : ⅰ boissel.

Colart de Beaurepaire, pour ⅰ arpent de pré ou environ, séant au lieu dit dessoux Ruis, lequel fu Andrieu Coquel de Noyon, tenant a Madame de Chevreuses d'une part et aus hoirs Pierre de Feux d'autre part : ⅰ boissel de blé de ⅵ à la mine et ⅰ boissel de ⅷ à la mine.

Colette la Fuironne, pour environ ⅵ perches de vigne, séans au lieu dit Bacouel, qui fu Jehan de Fosses, tenant à Jehan Meleun d'une part et d'autre : ⅰ quart et le ⅵe d'un boissel.

Jehannin Billon le josne, pour demi arpent de terre ou environ, séant dessoux Ruis, au lieu dit la Pierre Penchant, laquelle terre fu Guillaume le Sauvage, tenant à Jehannin Pastoure d'une part
demi boissel.

Jehannin Pastoure, pour demi arpent de terre ou environ, séant dessoux Ruis, au lieu dit la Pierre Penchant, laquelle fu Guillaume le Sauvage, tenant à Jehannin Billon le josne d'une part :
demi boissel.

Jehan Meleun, pour demi quartier de vigne ou environ, séant au lieu dit Houdiard, qui fu Robert le Charpentier, tenant à Jehannin le Cornu d'une part et d'autre : ⅰ boissel de blé.

Item, pour demi quartier de vigne ou environ en deux pièces, dont Colette la Fuironne en a ou milieu, séans au lieu dit entre ⅱ ruelles qui fu Robert le Charpentier, tenans à la dicte Colette la Fuironne : demi boissel de blé.

Item, pour vi perches de vigne ou environ, séans au lieu dit Baconel, qui fu Jehan de Fosses, tenant audit Moleun d'une part et d'autre, aboutant au Chemin : le vi^e d'un boissel.

Jehan Hémard, pour demi arpent de terre ou environ séant au lieu dit au Jonquoy, qui fu Nicaise de la Valette, tenant à Regnaut le Leu d'une part et audit Hémart d'autre part :
 lez ii pars d'un boissel.

Item, pour iii quartiers de terre ou environ, séans au lieu dit au Jonquoy, laquelle fu son père, tenant à Regnaut le Leu d'une part et d'autre : ii boissiaux et demi de blé.

Item pour la moitié de v quartiers de terre ou environ, séans dessoux Ruis, au lieu dit la Gravelle, qui fu Martin Billoust, tenant aus hoirs Robert le Sauvage d'une part et à Jehan le Sauvage d'autre part : i boissel et demi de blé.

Item, pour ii arpens de terre ou environ, séans dessoux Ruis, au dessus du bac, laquelle terre fu Gile le Sauvage, tenant aus hoirs Robert le Sauvage d'une part, et aus hoirs Pierre de Feux d'autre part : ii boissiaux de blé.

Les enfans de feu Robert le Sauvage, pour environ iii arpens de terre, séans au-dessus du bac de Ruis, en alant vers Verberie, tenant à Guillot des Hayes d'une part, et à Jehan Hémart d'autre part : vii boissiaux de blé.

Item, pour i arpent de terre ou environ, séant au lieu dit aus Pierres dessoux Ruis, tenant aus hoirs Pierre le Maire d'une part, et aus hoirs Estienne de la Valette d'autre part :
 ii boissiaux de blé.

Item, pour la moitié de v quartiers de terre ou environ, séans dessoux Ruis, au lieu dit la Gravelle, qui fu Martin Billoust, tenans aus hoirs Robert le Sauvage d'une part, et à Jehan le Sauvage d'autre part : i boissel et demi de blé.

Item, pour leur courtil contenant environ i quartier, séant au Molin Moyen, tenant à Gile Guerlant d'une part, et au ru d'autre part : demi boissel de blé.

Jehan Savary, pour environ i quartier d'aunoy, séant au lieu dit ès tourbières de Vaulx dessoux le Valet Lambert, tenant au pré du Molin Henry d'une part, et à Robin le Bouq d'autre part :
 demi boissel.

Les hoirs Raoul des Hayes, pour v quartiers de terre ou environ, séans dessoux Ruis, qui furent ledit Raoul, tenans aus hoirs Robert le Sauvage d'une part, et aboutans à la rivière d'Oise : i boissel.

Item, pour ii arpens de terre ou environ, séans dessoux Ruis, au-dessus du Port, lesquelles (sic) furent ledit Raoul, tenans aus hoirs Robert le Sauvage d'une part et à Jehan Desmarliz et à la terre qui fu Jehan Gougon d'autre part : i boissel de blé.

Item, pour i arpent de terre, séant dessoux Ruis, qui fu Gringoire de Vaux, tenant à la terre qui fu Regnaut le Leu, qui a présent est Guillaume des Hayes, d'une part, et au curé de Ruis d'autre part, et va l'un des boux vers Pont et l'autre vers Verberie : i boissel.

Item, pour i quartier de terre ou environ, séant entre ii ruelles, qui fu ledit Raoul, tenant aus hoirs Nicaise de la Valette d'une part, et à Jehan de Jaux l'ainsné d'autre part : le tiers d'un boissel.

Guillaume des Hayes, à cause de sa femme, pour demi arpent de terre ou environ, séant dessoux Ruis au lieu dit à la Grant Pierre, tenant au curé de Ruis d'une part : ii boissiaux.

Le chappellain de la chappelle Saint Jaque en l'église de Verberie, pour ii arpens de pré ou environ, séans dessoux Saint Germain, tenant aus préz de Sausset de Fresnel d'une part et aus hoirs Bertran Rondel d'autre part : iii boissiaux.

Nevelon Belassez, pour demi arpent, que terre, que vigne, séant au lieu dit au Mont Roze, tenant à Jehan Guerry, aboutant à Jehan de Paris et aus hoirs Jehan de Pondremont, et le tiennent à surcens Pierre Fouillet, Jehan de Jaux l'ainsné et Simon de Jaux : les iii pars d'un boissel.

Jehannin le Tavernier et Jehan Constant, à cause de sa femme, pour i quartier de terre ou environ, séant au lieu dit en Pucelet, tenant à Jehan de Jaux le josne d'une part et à Jehannin Ayer d'autre part : demi boissel.

Les hoirs Jehanne de la Cousture, pour demi arpent de terre, séant au lieu dit au Jonquoy, tenant à Jehan Hemart d'une part et à Pierre Pouillet d'autre part : i boissel.

Item, pour environ i quartier de terre tierceran, séant au lieu dit à la Pierre Penchant, dessoux Ruis, tenant à madame de Chevreuses d'une part et aus hoirs Jaque de Feux d'autre part : le comble du cul d'un boissel.

Denis de Fosses, pour environ vIII perches d'aunoy, séans au lieu dit la ruelle Chappiton et Blaveton, qui fu Jehan de Fosses, tenans à la dicte ruelle Chappiton d'une part et à Pierre Waure d'autre part :
demi boissel.

Nicaise Billon, pour environ demi quartier de terre, séant au lieu dit au Jonquoy, qui fu Pasquette la Billonne, tenant aus hoirs Nicaise de la Valette d'une part et aus hoirs Jehanne de la Cousture d'autre part :
le tiers d'un boissel.

Les hoirs Jehan de Pondremont, pour III quartiers de pré, séans dessoux Ruis, qui furent Jehan des Hayes, tenans à Gile Guerlant d'une part et à madame de Chevreuses d'autre part :
lez III pars d'un boissel.

Jehan le Sauvage de Mourru, pour I arpent de terre ou environ, séant au lieu dit à la Voye des Préz, qui jadis fu Estienne le Sauvage et Colette du Peupple, tenant à Regnaut Paysant d'une part et aus hoirs Regnaut de la Chèze d'autre part :
I boissel et III quars.

Item, pour environ demi quartier de terre, séant sur le Port de Ruis, laquelle fu ledit Estienne, tenant aus enfans Martin Billoust d'une part et aus hoirs Jehanne la Dalphine d'autre part :
le vIII^e d'un boissel.

Item, pour sa maison et environ demi arpent de jardin en IIII pièces, séans sur le ru de Ruenne, emprès le Molin Moyen, laquelle fu Pierre le Sauvage et Marie la Moinesse, et tenant au ru :
I boissel.

Les hoirs Jehan le Cordier de Verberie, pour leur pré, qui fu Jehanne Paussarde, séant dessoux Ruis :
II boissiaux de VI à la mine.

Item, pour leur aulnoy, qui fu les Godez :
demi boissel de VIII à la mine.

Item, pour leur pré, séant dessoux Vaufessart :
le tiers de I boissel.

Item, pour leur aulnoy de Blaveton :
I boissel et demi de VIII à la mine.
Somme : LXXVIII boissiaux et I tiers de boissel de blé val. IX mines VI boissiaux et I tiers de boissel.

XII. Frans Mez, deubz aus dis seigneurs, chescun an, en la dicte ville, au terme de Noel sans amende, et se doivent aler quérir d'ostel en hostel.

Jehan Cale et Perrot Cale, pour VII arpens de terre ou environ, séans au lieu dit dessoux Ruis, qui furent maistre Henry Pelet, tenant à Sausset de Fresnel d'une part et à Regnaut le Leu d'autre part :   une mine de blé.

Drouet Poisson, pour environ I arpent et demi de terre, séans dessoux le Bos de Saint Germain, laquelle fu Michel Rondel, tenant à Sausset de Fresnel d'une part et au curé de Saint Germain d'autre part :   demi mine de blé.

Item, pour la moitié d'un viez maiserin [1], séant à Saint Germain, qui fu ledit Michel avec I petit jardin derrière, si comme etc., tenant à Jehan Hurtaut d'une part et au curé de Saint Germain d'autre part :   I quart de boissel de blé.

Item, pour la moitié de III arpens de terre ou environ, séans au lieu dit au Buissonnet dessoux Ruis, qui fu ledit Michel, tenans à la terre de l'église de Saint Germain d'une part et d'autre :
                                demi boissel de blé.

Jehannin Renart et Droyn Renard, pour I arpent et demi de terre, séant dessoux le Bos de Saint Germain, qui fu Michel Rondel, tenant à Sausset de Fresnel d'une part et au curé de Saint Germain d'autre part :   demi mine de blé.

Les dis Jehannin et Droyn, pour la moitié d'un viez maiserin, séant audit Saint Germain, qui fu ledit Michel, avec I petit jardin derrière, si comme etc., tenant à Jehan Hurtaut d'une part et audit curé d'autre part :   I quart de boissel de blé.

Item, pour la moitié de III arpens de terre ou environ, séans au lieu dit au Buissonnet dessoux Saint Germain, qui fu ledit Michel, tenans à la terre de l'église de Saint Germain d'une part et d'autre :
                                demi boissel de blé.

Jehan Hurtaut, pour sa maison et masure, séant à Saint-Ger-

---

[1] *Viez maiserin*, une vieille habitation probablement, ou mieux un ancien petit clos.

main avec le jardin derrière, si comme etc., lesquels furent Thomas le Coq, tenant au curé de Saint Germain d'une part et au Ruissel de la fontaine d'autre part :　　　　demi boissel de blé.

Sausset de Fresnel, escuier, et Thibaut Finet, pour v quartiers de terre, séans dessoux Saint Germain, au lieu dit au Buissonnet, qui furent messire Drieu de Maucourt, tenant à la terre du chappellain de Saint Jaque de Verberie :　　v quartiers de blé.

Item, pour environ demi arpent de jardin, séant audit Saint Germain, emprès le chemin, tenant au jardin des seigneurs d'une part, aboutant au chemin :　　i boissel et demi de blé.

Jehannin Marguelot et Jehannin Broquel, pour iii arpens de terre ou environ, séans dessoux Saint Germain, qui furent Colin Broquel, tenans aus terres des seigneurs de Ruys d'une part :
　　　　une mine de blé.

Madame de Chevreuses, pour ii arpens de terre ou environ, séans dessoux Saint Germain, qui furent Galeren Lescripvain, tenans aus terres des seigneurs de Ruis d'une part et à Guillot des Hayes d'autre part :　　　　une mine de blé.

La maladerie de Verberie, pour une pièce de vigne, séant au dessus de Saint Germain, tenant à Robin Barbin d'une part et à Pierre d'Outru d'autre part, et la tient à surcens Warnet le Parmentier.　　　　i boissel de blé.

Jehan Warnet, dit Parmentier, pour i arpent ou environ, que vigne, que aunoy, séant au-dessus de la fontaine de Saint-Germain, qui fu Bernart Jourre, tenant au chemin, qui vient de la fontaine Saint Germain ès préz d'une part et à Oudart Angoulet d'autre part :　　　　i boissel de blé.

Les hoirs Jehanne de la Cousture, pour demi arpent de terre, séant dessoux Saint Germain, tenant à Pasquier le Charon d'une part :　　　　i quartier de blé.

Guillot des Hayes, pour iii quartiers de terre ou environ, séans dessoux Saint Germain, qui furent Regnaut le Leu, tenans à Jehan Carette d'une part, aboutant sur la terre des hoirs Jehanne de la Cousture :　　　　i quartier de blé.

Robert Raffaou, à cause de sa femme, jadis femme de feu Phelippe de Pierrefons, pour demi arpent de vigne ou environ, séant à Saint Germain, laquelle fu ledit Phelippe, tenant à la vigne de la maladerie de Verberie d'une part et à Jehan le Parmentier d'autre part, et la tient à surcens Robin Barbin : 1 quartier de blé.

Somme : vi mines demie et i boissel et demi de blé.

XIII. Cens deubz, aus dis seigneurs en la dicte ville de Ruis, chascun an, au terme de Noel sur amende de vii sols vi d. parisis.

Jehan de Jaux le josne, pour 1 courtil contenant environ demi quartier de terre, séant au lieu dit dessoubz le Peupple, lequel courtil fu Jehan Guinant, tenant à Phelipot Congnet d'une part et au chemin qui vient de Pont à Verberie d'autre part : xii d.

Symon Billon, pour sa maison et masure, séant au lieu dit en Vaulx, qui fu la Bouquesse, avec environ 1 quartier de jardin, séant environ la dicte maison, tenant au chemin d'une part et à Simon de Jaux d'autre part : vi s.

Item, pour environ 1 arpent, que terre, que aunoy, séant au lieu dit en la Royauté, tenant à Jehan Baillet de Paris d'une part et à Simon de Jaux d'autre part : iii s.

Phelipot le Sauvage, pour environ 1 quartier d'aunoy, nommé l'Aunoy Fortin, séant au lieu dit en Vaulx, lequel fu Oudot Congnet, tenant à Robin le Bouq d'une part et à Simon Billon d'autre part : ix d.

Item pour sa masure, séant au lieu dit au Ru, contenant environ 1 quartier de jardin, qui fu ledit Oudot, tenant à Simonnet Fuiron d'une part et au chemin qui va de Verberie à Pont d'autre part : xiii den. ob.

Item, pour 1 quartier de vigne, séant au lieu dit en Chasteillon et en la Chièverue, tenant à la masure qui fu Questain d'une part et aus hoirs Jehan de Pondremont d'autre part : xxii d.

Robin le Bouq, pour environ 1 quartier d'aunoy, nommé l'Aunoy Fortin, séant au lieu dit en Vaulx, qui fu Marion la Sauvage, tenant à Phelipot le Sauvage d'une part et à Simon Billon d'autre part : ix den.

Drouet Poisson, pour viii arpens ou environ, que vigne, que terre, que bos, séans au lieu dit à Saint Germain, qui furent Michel Rondel, tenans au curé de Saint Germain d'une part et au chemin d'autre part : ix s.

Jehannin Renart et Droyn Renart, pour viii arpens ou environ, que vigne, que terre, que bos, séans audit lieu de Saint Germain, qui furent ledit Michel, tenans à Drouet Poisson d'une part et au chemin d'autre part :   IX s.

Symon de Jaux, pour III quartiers de terre ou environ, séans au lieu dit en la Royauté, qui furent Jehan le Parmentier, tenant à Simon Billon d'une part et à Jehanne la Fuironne d'autre part :   III s.

Jehanne Fuironne, pour sa part de l'aunoy nommé l'Aunoy Fortin, séant au lieu dit en Vaulx, partissant contre Phelipot le Sauvage et Robin le Bouq, et tenant aus dis Phelipot et Robin :   VI d.

Jehan Meleun, à cause de sa femme, jadis femme de feu Jehan d'Estapples, pour sa maison et masure, séant au pressoir de Ruis, qui fu Robert le Charpentier, messire Nicaise de Vaux et Mahieu de la Barre, avec environ I arpent et demi, que vigne, que jardin, séant environ la dicte maison, tenant à Jehan le Sauvage d'une part et à messire Pierre des Voyes d'autre part :   V s.

Jehan Broquel, boulengier, pour sa masure et maisières, séans à Ruis avec demi arpent de vigne séant derrière icelle, qui fu Ameline de Longmont, tenant aus hoirs Robert le Sauvage d'une part et d'autre, aboutant au chemin :   VIII s.

Pierre le Charpentier, pour sa maison, court, jardin et lieu, si comme etc., séant à Ruis, au lieu dit à la Charière, qui fu Jehan Gougon et depuis Jehan Fuiron, tenant aus hoirs Raoul des Hayes d'une part et au chemin de la Charière d'autre part :   XII s.

Denisot de Fosses, pour V quartiers de terre ou environ, séans au lieu dit à la Charière, tenant à la dicte Charière d'un costé et d'autre. Item, pour environ VIII perches de vigne, qui fu Jehan Gougon, séans dessoux la Charière, tenant à Regnaut Paysant d'une part et à la dicte Charière d'autre part. Item, pour environ V perches de vigne, séans au lieu dit en Baudry, qui fu messire Nicaise de Vaux, tenans aus hoirs Guibelet le Mortelier d'une part, aboutant sur la vigne Jehan de Jaux le josne. Item, pour environ X perches d'aunoy, séant au lieu dit au Pas de Blaveton, tenant à Pasquier le Charon d'une part, aboutant au chemin. Item, pour demi arpent ou environ de larris, séant au-dessus d'Aoustain, tenant audit Denisot. Item, pour III quartiers, que vignes, que terres, avec I peu de courtieux, séans en plusieurs lieux, qui furent messire Jehan des Hayes, c'est assavoir environ demi quartier de vigne, séant derrière le Grant Chasteillon, tenant aus enfans Martin Billoust d'une part et à Colette la Fuironne d'autre part. Item pour environ VI perches de vigne, séans au dessus de la Chiéverue, tenans à Simon Billon d'une part. Item, pour environ I quartier, que terre, que vigne, séant au Grant Chasteillon, tenant à Simon Billon d'une part et au curé d'autre part. Item, pour environ demi quartier de vigne, séant dessus le Chesne de Chasteillon, tenant aus hoirs Raoul des Hayes d'une part et aus hoirs Nicaise de la Valette d'autre part. Item, pour environ demi quartier de vigne, séant dessoux le Moustier de Ruys, tenant au clos du curé de Ruis d'une part et audit Denisot de Fosses d'autre part. Item, pour environ demi quartier, que terre, que vigne, séant au lieu dit à la Charière, tenant à Regnaut Paysant d'une part, et aboutant aus hoirs Guibelet le Mortelier, lesquelz héritages lui furent bailliéz par Raoul du Mesnil le VIe jour de juillet l'an mil CCC IIII^{xx} et I, parmi : XIII s. par.

Somme : LXXIII s. XI d. ob. parisis.

XIV. Rentes d'avoine, poules, pains et deniers, deubz chascun an, aus dis seigneurs en la dicte ville de Ruis, au terme de Noel sans amende.

Jehan de Jaux le josne, pour sa maison, jardin et vigne, contenant environ demi quartier, séant au lieu dit au Ru, laquelle fu Jehan Guivant, tenant au chemin d'une part :
une mine d'avoine, un pain, une poule, un denier.

Item, pour sa maison et jardin, séant emprès la maison dessus dicte, qui fu Phelippe le Bouchier, tenant à la dicte maison d'une part : VII boissiaux d'avoine, un pain, une poule, un denier.

Item, pour sa maison, séant en ce lieu mesmes et enclavée dedens lez autres maisons dessus dictes, qui fu aus hoirs Robert Dalphin, tenant audit Jehan d'une part et d'autre :
I quartier d'avoine, I quart de pain, poule et denier.

Item, pour sa maison, séant en ce mesme lieu et enclavée dedens les autres maisons dessus dictes, qui fu ledit Jehan Guivant, tenant aus hoirs Phelippe le Bouchier d'une part et au chemin d'autre part : une mine d'avoine, I pain, une poule, I denier.

Item, pour son courtil et vigne, séant au lieu dit au Puis, contenant environ demi arpent, qui fu Jaque du Puis, tenant aus hoirs

Guibelet le Mortelier d'une part et audit Jehan d'autre part, aboutant au chemin : une mine d'avoine, 1 pain, une poule, 1 denier.

Item, pour 1 quartier ou environ, que terre, que vigne, séant audit lieu du Puis, qui fu Thomas Paysant, tenant audit Jehan d'une part et à Jehanne de la Valette d'autre part :
1 quartier d'avoine, 1 quart de pain, poule et denier.

Jehan Billon l'ainsné, pour sa maison et le jardin derrière, si comme etc., contenant environ demi arpent, séant au lieu dit l'Ourmel en Vaulx, laquelle fu Aliz la Besguesse et Jehannin Sadet, tenant au chemin qui va de Ruis à Roy d'une part et à Marion la Chapponnette d'autre part :
une mine d'avoine, 1 pain, une poule, 1 denier.

Item, pour 1 quartier d'aunoy ou environ, séant au lieu dit en Vaulx, devant le Pressoir, lequel Aunoy fu la dicte Aliz, tenant à Jehan le Sauvage d'une part et à Pierre Waure d'autre part :
demi mine d'avoine, demi pain, demi poule et obole.

Item, pour 1 jardin, contenant environ 1 quartier et demi, séant au lieu dit en Vaulx, qui fu Jehan Sadet à lui baillié de nouvel, tenant aus enfans Martin Billoust d'une part et à Chappitre de Saint Gervais de Soissons d'autre part :
une mine d'avoine, 1 pain, une poule, 1 denier.

Item, pour environ 1 quartier de maisières, masure et courtil, séant à l'Ourmel en Vaulx, qui fu Adam Chappon, tenant à Pierre Waure d'une part et à Jehanne de la Valette d'autre part :
demi mine d'avoine, demi pain, demi poule et obole.

Jehan de Jaux l'ainsné, pour sa maison et masure, où il demeure, avec le jardin derrière, si comme etc., contenant environ 1 quartier, séant au lieu dit dessoux la Charière, laquelle fu Regnaut Paysant, tenant à Perrot Fouillet d'une part et à Jehannin Ayer d'autre part : une mine d'avoine, 1 pain, une poule, 1 den.

Item, pour son estable, séant dedens le pourprins de la dicte maison, et enclavée dedens ycelle : 1 boissel d'avoine et le VIIIe de pain, poule et denier.

Jehannin Ayer, pour sa masure et maisières avec III perches de jardin ou environ, séans audit lieu, qui furent Simon Boulemer, tenant à Guillaume de Mongueval d'une part et à Jehan de Jaux l'ainsné d'autre part : 1 boissel d'avoine et le VIIIe de pain, poule et denier.

Jehannin le Cornu, pour sa maison et masure, séant en Vaulx, avec environ 1 quartier de jardin, séant derrière la dicte maison, tenant au ru d'une part et d'autre aboutant au Chemin :
une mine d'avoine, 1 pain, une poule, 1 denier.

Jehan le Sauvage, pour une masure et jardin séant en Vaulx, contenant viez maisières et environ 1 quartier de jardin qui furent Perrenelle la Sauvage, tenant à Jehan Baillet de Paris d'une part et à la masure qui fu Marie la Chapponnette d'autre part :
une mine d'avoine, 1 pain, une poule, 1 den.

Item, pour sa partie de la masure et jardin, qui fu Pierre le Sauvage, séant au lieu dit au Ru contenant environ demi quartier, tenant à Jehan le Sauvage de Mourru d'une part et à l'éritage de la femme Gile Guerlant d'autre part :
1 quartier d'avoine, 1 quart de pain, poule et denier.

Ledit Jehan et Galot Pelet, pour leur masure, séant dessoux le four, contenant environ 1 quartier de jardin, qui fu Nicaise de la Valette, tenant à Jehan Meleun d'une part et audit Galot Pelet d'autre part : 1 quartier d'avoine, 1 quart de pain, poule et den.

Symon Billon, pour sa part de la masure et jardin, qui fu Nicaise Griset, séant au lieu dit en Vaulx, contenant viez maisières et environ 1 quartier de jardin, tenant à Simon de Jaux d'une part et au cnemin qui va de Noé Saint Martin à Ruis d'autre part :
une mine demie et III boissiaux d'avoine,
demi pain, demi poule et obole.

Item, pour sa masure et jardin, séant audit lieu de Vaulx, emprès la maison dudit Simon, contenant environ demi quartier, qui fu Jehan Brunel, tenant à Simon de Jaux, d'une part et audit Simon Billon d'autre part :
1 quartier d'avoine, 1 quart de pain, poule et denier.

Phelipot le Sauvage, pour sa maison, où il demeure séant sur le Ru de Ruenne, laquelle fu Oudot Congnet, avec le jardin derrière, si comme, etc., tenant au chemin qui va de Verberie à Pont d'une part, aboutant tout selon le ru :
une mine d'avoine, 1 pain, une poule, 1 denier.

Item pour sa masure, séant au lieu dit au Ru, contenant environ 1 quartier de jardin, qui fu ledit Oudot, tenant à Simonnet Fuiron d'une part et au chemin qui va de Verberie à Pont d'autre part :
une mine d'avoine, 1 pain, une poule, 1 denier.

Jehanne de la Valette, pour environ III quartiers d'aunoy, séans devant le Pressoir de Vaulx, lequel aunoy fu Nicaise de la Valette, tenant à Simon de Jaux d'une part et à l'aunoy qui fut Marotte la Chapponnette d'autre part, aboutant au Chemin :

   III quartiers d'avoine, III quars de pain, poule et denier.

Item, pour II pièces de terre, entretenans ensemble, contenans environ I quartier, séans au lieu dit ou Nohay, lesquelles furent ledit Nicaise, tenans à Denisot de Fosses d'une part et à Raoulin de Fosses d'autre part, aboutans au Chemin :

   III quartiers d'avoine, III quars de pain, poule et denier.

La dicte Jehanne, pour sa maison et maisières, séans en sa court, qui fu ledit Nicaise, tenant à Jehannin le Parmentier d'une part et à la dicte Jehanne d'autre part :   v quartiers d'avoine, I pain,
            une poule, I den.

Raoulin Chifflotte, pour sa maison et masure, séant au Ru de Ruenne, avec un jardin derrière, contenant environ I quartier tenant à Phelipot le Sauvage d'une part et Alizon la Remonde d'autre part :   une mine d'avoine, I pain, une poule, I denier.

Jehannin Guerry, pour demi quartier d'Aunoy ou environ, séant ou lieu dit ou Marez de Vaulx, qui fu Jehanne la Dalphine, tenant à Simonnet le Sauvage d'une part et à Jehannin Billon le josne d'autre part :   I boissel d'avoine et I quart de boissel.

Item, pour la moitié de environ III quartiers, que pré, que terre, partissans contre les enfans Martin Billoust, séans au lieu dit dessoux Saint Germain, qui fu Robert Dalphin, tenant aus hoirs Pierre de Feux d'une part et aus hoirs Jehan le Cordier d'autre part :   demi boissel d'avoine.

Item pour la moitié de environ III quartiers de terre, séans en Vaulx, qui furent la dicte Jehanne, tenans au courtil du pressoir de Vaulx d'une part et aux enfants Martin Billoust d'autre part :
       la moitié de I boissel et demi d'avoine.

Drouet Poisson, pour les maisières, jardins, terres et boys, séans à Saint-Germain, contenant environ VIII arpens partissans contre Jehannin Renart et Droyn Renard, qui furent Michel Rondel, tenans au curé de Saint-Germain d'une part et au chemin d'autre part :   demi mine d'avoine, demi pain,
      demi poule et ob. et III quartiers d'orge.

Jehannin Renart et Droyn Renart, pour les maisières, jardin, terres et bois, séans à Saint-Germain, contenant environ viii arpens, partissans contre Drouet Poisson qui furent Michel Rondel, tenant au curé de Saint-Germain d'une part et au chemin d'autre part : demi mine d'avoine, demi pain, demi poule et ob. et iii quartiers d'orge.

Guillaume de Mangueval, pour sa maison et masure où il demeure séant à Ruis avec i jardin derrière si comme etc., contenant environ i arpent, que terre, que aunoy, qui fu Jehan Huet, tenant à Jehan Ayer d'une part et à Guillot des Hayes d'autre part :
ii mines d'avoine, ii pains, ii poules, ii den.

Jehan Gougon pour sa maison, masure et jardin, séant emprès la fontaine de Ruis, qui fu Philippe Fuiron, tenant à Perrot Fouillet d'une part et au ruissel de la fontaine tout au long, et la tient à surcens Simon de Jaux :
i mine d'avoine, i pain, i poule, i denier.

Symon de Jaux, à cause de sa femme, pour sa part de la masure et jardin, qui fu Nicaise Grisel, séant au lieu d't en Vaulx, contenant viez maisières, avec environ i quartier de jardin, tenant audit Simon de Jaux d'une part et au chemin qui va de Noé-Saint-Martin à Ruis :
ix boissiaux d'avoine, i pain, i poule, i denier.

Jehan Mautondu, pour i quartier de vigne ou environ, séant au lieu dit en Bouffoy, qui fu Estienne de la Valette, tenant à Regnaut Paysant d'une part et au chemin tout au long d'autre part :
demi mine d'avoine, demi pain, demi poule et obole.

Les enfans de feu Jaque de Feux, pour leur maison et masure du tertre, qui fu Pierre de Feux avec le jardin et vigne séant derrière icelle maison, si comme etc., tenant au ru de Ruenne d'une part et au chemin d'autre part :
v mines d'avoine, iii pains, iii poules, iii d.

Item, pour ce que ilz puent relever leurs fossés entour leurs vignes de Chasteillon, contenans environ ii arpens en iiii pièces :
ii chappons.

Les hoirs de feu Oudart de Feux, pour leur grange, séant à Ruis en la court de la maison Denisot de Fosses, laquelle grange fu Pierre de Feux, tenant audit Denisot de Fosses d'une part et aux hoirs Guibelet le Mortelier d'autre part : demi mine d'avoine.

Pierre Waure, pour demi arpent d'aunoy ou environ, séant à

l'Ourmel en Vaulx, que on dit le Douaire, tenant aus hoirs Jaque de Feux, aboutant au ru de Ruenne delès le Courtil Jehannin le Cornu :   1 quartier d'avoine.

Les enfans Martin Billoust, pour demi arpent de terre ou environ, séant au lieu dit sur le Port de Ruys, tenant à Pierre Pouillet d'une part et d'autre à l'iaue d'Oise :
           demi mine d'avoine à la mesure à blé.

Item, pour environ demi arpent d'aunoy ou marez, séant en Vaulx, partissant contre Jehannin Guerry, tenant à Jehan le Sauvage d'une part et à Guillaume des Hayes d'autre part :
           1 boissel et 1 quart. d'avoine.

Item, pour la moitié de environ III quartiers, que pré, que terre, partissant contre Jehannin Guerry, séant dessoux Saint-Germain, tenant aus hoirs Pierre de Feux d'une part et aus hoirs Jehan le Cordier d'autre part :   demi boissel d'avoine.

Item, pour la moitié de environ III quartiers de terre, séans en Vaulx, tenant au courtil du pressoir de Vaulx d'une part et à Jehannin Guerry d'autre part :
           la moitié de 1 boissel et demi d'avoine.

Raoul de Suegy, dit le Gruier, escuier, pour 1 quartier de vigne ou environ, séant au lieu dit au Coulombier, laquelle fu Loys de Feux tenant à Perrot Fouillet d'une part et au fief que tient le dit escuier de Pierre de Néry d'autre part :
           1 mine d'avoine, 1 pain, une poule, 1 den.

Perrot Fouillet, pour sa maison et masure séant au-dessus de la fontaine de Ruis, laquelle fu Oudot de Jaux, avec 1 jardin derrière, si comme etc., contenant environ 1 quartier, tenant à Jehan de Jaux l'ainsné d'une part et à Simon de Jaux d'autre part :
           une mine d'avoine, 1 pain, une poule, 1 denier.

Item, pour un quartier de terre, séant au lieu dit ou Nahay, qui fu Colin Davoudet, tenant à Jehan de Jaux d'une part et aus hoirs Guibelet le Mortelier, d'autre part :
           demi mine d'avoine, demi pain, demi poule et ob.

Item, pour environ demi quartier d'aunoy, séant dessoux la fontaine de Ruis, qui fu le dit Colin, tenant à Jehan Meleun d'une part et au ruissel de la fontaine de Ruis d'autre part :
           1 quartier d'avoine.

Symon le Sauvage, pour le tiers d'une pièce de terre, contenant environ III quartiers, séant au lieu dit en Vaulx, qui fu Guillaume le Sauvage, tenant à Jehannin de Fayel d'une part, et pour les maisières séans dessous ycelle terre :

le tiers d'une mine d'avoine, et le tiers de pain, poule et denier.

Jehannin Billon le josne, pour le tiers d'une pièce de terre, contenant environ III quartiers, séant au lieudit en Vaulx, qui fu Guillaume le Sauvage, tenant à Jehannin Fayel d'une part et pour les maisières séans dessoux ycelle terre : le tiers d'une mine d'avoine, et le tiers d'un pain, poule et denier.

Item, pour unes maisières et environ I quartier d'aunoy derrière, si comme etc., séans en Vaulx, qui furent Belot la Garnière, tenant à Jehan le Sauvage d'une part et à Simon de Jaux d'autre part :
une mine d'avoine.

Jehannin Pastoure, pour le tiers d'une pièce de terre, contenant environ III quartiers, séans au lieudit en Vaulx, qui fu Guillaume le Sauvage, tenant à Jehannin Fayel d'une part et pour les maisières séans dessoux ycelle terre :

le tiers d'une mine d'avoine, et le tiers de pain, poule et denier.

Les enfans de feu Jehan le Cordier de Verberie, pour I arpent de pré ou environ, séant au lieu dit dessous Bacouel, tenant à Jehan Baillet de Paris d'une part et à Regnaut le Leu d'autre part : I boissel d'avoine.

Les hoirs de feu Jehan de Pondremont, pour leur grange, cave et jardin, séant à Ruis en la court Denisot de Fosses, tenant au chemin de la Charière d'une part et audit Denisot d'autre part, et la tient à surcens Jehannin Billon le josne :

demi mine d'avoine, demi pain, demi poule et obole.

Jehan Meleun pour environ I quartier, que terre, que aunoy, séant de costé la fontaine de Ruis, qui fu Phelippe Fuiron, tenant à Jehanne de la Valette d'une part et à Galeran Pelet d'autre part : I quartier d'avoine, I quart de pain, poule et denier.

Les hoirs Raoul des Hayes, pour I quartier de vigne ou environ, séant au lieu dit au Puis, laquelle fu le dit Raoul, tenant aus hoirs Jehan de Pondremont d'une part et à Denisot de Fosses d'autre part : I boissel d'avoine.

Item, pour demi quartier d'aunoy ou environ, séant au lieudit en Vaulx, qui fu ledit Raoul, tenant aus enfans Martin Billoust d'une part et d'autre, aboutant au chemin qui va de Ruis à Noé Saint-Martin : I boissel d'avoine et le VIIIe de pain, poule et denier

Jehan Broquel, boulengier, pour sa masure et maisières, séans à Ruis, avec demi arpent de vigne ou environ, séans derrière icelle, qui furent Ameline de Longmont, tenant aus hoirs Robert le Sauvage d'une part et d'autre :

      une mine d'avoine, 1 pain, une poule, 1 denier.

La fille Jehan Culot, cordouennier, demourant à Verberie, pour ses masures et maisières, séans en Vaulx, qui furent Casot Griset avec plusieurs autres héritages, desclarés cy dessus ou chappitre de vinages de vin, deubz à Ruis : II mines et demie d'avoine, III quars de pain, III quars de poule et III poitevines.

Les hoirs de feu Guibelet le Mortelier, pour demi quartier ou environ de friche, ou jadis ot vigne, qui fu Jehanne la Rivée, séant au lieu dit ou Val Engèle, tenant à Perrot Fouillet d'une part :

      1 boissel d'avoine.

Item, pour leur vigne, séant au lieudit dessus le Coulombier, laquelle fu Jehanne la Paysande, tenant à Raoulin de Fosses d'une part et aus dis hoirs d'autre part :

  VI boissiaux d'avoine et le quart de pain, poule et denier.

Denisot de Fosses, pour sa maison et masure, où il demeure, séant emprès la Charière, tenant aus hoirs Guibelet le Mortelier d'une part et au chemin d'autre part :

     une mine d'avoine, 1 pain, une poule, 1 denier.

Item, pour sa maison et masure, séant dessoux Voye, avec environ V quartiers de jardin, séans derrière la dicte maison, tenans à Raoul le Gruier d'une part et à Jehanne de la Valette d'autre part :

     VII quartiers d'avoine, 1 pain et demi,
     une poule et demie et 1 den. ob.

Raoulin de Fosses, pour sa maison, cave et jardin, séant emprès la Charière, qui fu Denisot de Fosses, tenant à Pierre Waure d'une part et audit Denisot d'autre part :

  demi mine d'avoine, demi pain, demi poule et obole.

Item, pour environ demi quartier, que terre, que vigne, séant au lieu dit au Coulombier, laquelle fu messire Nicaise de Vaulx, tenant à Perrot Fouillet d'une part et aus hoirs Guibelet le Mortelier d'autre part : demi mine d'avoine à la mesure à blé qui vault 1 tiers à la mesure à avoine.

Les hoirs Jehan le Cordier, pour 1 quartier de vigne, séant au lieudit au Puis, tenant à Denis de Fosses d'une part et à Jehan le

Sauvage de Ruis d'autre part, et la tient à surcens Raoulin de
Fosses : 1 boissel d'avoine.

Jehannin le Parmentier, pour une masure et jardin séant à Ruis,
qui fu Oudot de Jaux, tenant à Guillot des Hayes d'une part et à
Jehanne de la Valette d'autre part :
une mine d'avoine, 1 pain, une poule, 1 denier.

Jehan le Sauvage de Mourru, pour sa partie de la masure et
jardin, qui fu Pierre le Sauvage, séant au lieudit au Ru, contenant
environ demi quartier, tenant à Jehan le Sauvage de Ruis d'une
part et à l'éritage de la femme Gile Guerlant d'autre part :
1 quartier d'avoine, 1 quart de pain, poule et denier.

Item, pour environ demi quartier de jardin, séant en ce lieu, qui
fu Marie la Moynesse et depuis Gile Guerlant, tenant à Jehan le
Sauvage de Ruis d'une part et aus hoirs Robert le Sauvage d'autre
part : demi mine d'avoine, demi pain, demi poule et obole.

Pierre le Charpentier, pour environ IX perches d'aunoy, séant
au lieu dit dessoux les Ruelles en droit le beau pignon, lequel
aunoy fu jadis Jehan Gougon, tenant aus enfans Martin Billoust
d'une part et aus hoirs Jehan le Cordier d'autre part :
1 quartier d'avoine.

Item, pour environ demi arpent de terre en masure, où il y a
II grans periers et 1 noyer, séans au lieudit en Vaulx, tenant à
Jehan Baillet de Paris d'une part et d'autre :
demi mine d'avoine, demi pain, demi poule et obole.

Somme : XLVII mines et demi et demi boissel valant
III muys demi V mines et demie et demi boissel.

Item une mine et demie d'orge.

Item XXXVII pains et demi et ung VIII⁰.

Item XXXVII poules et demie et 1 VIII⁰ et II chappons.

Item XXXVII deniers obole et 1 VIII⁰ de denier.

XV. Cens deubz aus dis seigneurs, en la dicte ville de Ruis, chascun
an, au jour de Pasques commerians, sur amende de VII sols VI den.
parisis.

Jehan de Jaux l'ainsné, pour environ 1 quartier et demi, que
terre, que vigne, séant au lieu dit en Blaveton, qui fu Jehan le
Cordier, tenant à Sausset de Fresnel d'une part et aus hoirs Guibelet le Mortelier d'autre part : 1 denier.

Phelipot le Sauvage, pour environ i quartier d'aunoy nommé l'Aunoy Fortin, séant au lieu dit en Vaulx, qui fu Oudot Conguet, tenant à Robin le Bouq d'une part et à Simon Billon d'autre part :
ix den.

Robin le Bouq, pour environ i quartier d'aunoy, nommé l'Aunoy Fortin, séant au lieu dit en Vaulx, lequel fu Marion la Sauvage, tenant à Phelipot le Sauvage d'une part et à Simon Billon d'autre part :
ix den.

Item, pour environ i quartier de vigne, séant au lieu dit en Aoustain, qui fu Jehan Gougon, tenant audit Robin d'une part et à Simon de Jaux d'autre part, aboutant à la terre du Courtil Raoul le Gruier :
ii chappons.

Jehanne Fuironne, pour sa part de l'aunoy, nommé l'Aunoy Fortin, séant au lieu dit en Vaulx, partissant contre Phelipot le Sauvage et Robin le Bouq, tenant aus dis Phelipot et Robin :
vi den.

Jehan Mautondu, pour sa maison et masure, séant au dessoux de la Croix de Bacouel, avec i arpent de vigne et demi arpent de jardin ou environ, séant derrière la dicte maison, laquelle fu Jehan le Charon, tenant au ru de Ruenne d'une part et à Jehan Bailliet de Paris d'autre part, aboutant au chemin :
xvi sols.

Les hoirs Guibelet le Mortelier, pour environ i quartier et demi, que terre, que vigne, séant au lieu dit Blaveton, laquelle fu Jehan le Cordier, tenant à Sausset de Fresnel d'une part et à Jehan de Jaux l'aisné d'autre part :
i den.

Item pour environ iiii perches de terre, séan au lieu dit ou Nahay, laquelle fut Denisot Arrivé, tenant à Denisot de Fosses d'une part et à Raoulin de Fosses d'autre part :
iiii den.

Pierre le Charpentier, pour ses maisières, où jadis ot maison, séans au lieu dit la Charière, qui furent Margot la Rivée, et depuis messire Nicaise de Vaulx, tenant au chemin de la Charière d'une part et à la maison qui fu Jehan Gougon, qui à présent est ledit Pierre d'autre part :
iiii sols.

Somme : xxii sols vi deniers et ii cappons.

XVI. Boys appartenans aus dis seigneurs au dit lieu.

Les dis seigneurs ont au dit lieu de Ruis environ v quartiers de bois, séans au dessus du clos, que on dit Galhaut, tenant aus boys Sausset de Fresnel, et est en coppe.

Item les dis seigneurs ont et prennent, chascun an, sur les habitans des villes de Ruys et de Saint-Germain, et sur tous autres, qui possessent héritages ou terroir des dis lieux, et en la juridicion d'iceulx, IIII l. x s. parisis de taille, chascun an, qui se paye à la Toussains, et se assiet par les habitans d'icelle ville ou mois d'aoust chascun an et la doivent cueillir yceulx habitans à leurs frais.   Somme : IIII l. x sols parisis.

XVII. **Drois appartenans ausdis seigneurs, à cause de la dicte terre et fief de Ruys.**

Premièrement, les dis seigneurs ont en la dicte ville droit de rouage sur les forains, c'est assavoir de une charette II den. et de I chariot IIII deniers. Et se ceulz de Verberie ou aucun de la dicte ville de Ruis achette vin en icelle, il ne doit point de rouage; mais se une charette, ou I chariot, chargié de vin, estoit versé en la dicte terre de Ruis et ilz deschargoient le dit vin, ilz doivent pour la charette II den. de vientrage et pour le chariot IIII den.; et se paye tout sur amende de LX sols.

Item yceulx seigneurs ont en la dicte ville droit de tesmoingnage, c'est assavoir se aucun achette vin en la terre d'aucuns ayans fiefs en la dicte ville, il doit pour chascune chartée de vin I denier de tesmoingnage, qui se paye sur amende de LX sols; et de ce sont exemps les habitans de Verberie et de Ruis et non autres.

Item quiconques vent vin à détail en la dicte ville de Ruis, et il l'a achetté, il doit II deniers de desfonsage; et se il a creu sur son héritage, il n'en doit point; lequel desfonsage se paye sur amende de LX sols.

Item quiconques bonne [1] terres ou autres héritages ou dit terroir, et le dit héritage joint a grant chemin royal, lez II parties qui mettent les dictes bonnes doivent v sols aus seigneurs pour la première bonne; et pour les autres, pour chascune XII den. parisis; et qui bonne en autres lieux, qui joingnent à grant chemin, les parties doivent pour chascune bonne XII deniers.

---

[1] *Bonne*, borne.

Item lesdis seigneurs ont en la dicte ville droit de ban en vendenges, ou cas que requis en seront par les habitans d'icelle ville, qui est tel : que ilz font crier et deffendre par toute la terre et juridicion de Ruis, ainçois que [1] il soit temps de vendengier, que nulz ne vendenge ses vignes jusques à certain jour, qui par les seigneurs et par les habitans y est ordené ; et qui enfraint la dicte deffense, il y a amende de VII sols VI deniers au proffit des seigneurs ; mais les dis seigneurs ne puent faire la dicte deffense, se ilz n'en sont requis par les habitans, et se ce n'est de leur consentement.

Item les dis seigneurs ont en la dicte ville droit de ventes de XII deniers I denier ; et n'y a droit aucun ès saisines.

Item ilz ont en la dicte ville amendes, qui sont telles : c'est assavoir pour I deffaut de jour, ou pour I reclam II sols VI deniers. Et qui fiert [2] I homme sans sanc et sans poing garny, il y a amende de VII sols VI deniers, et qui fiert I homme de poing garny sans arme molue [3] il y a amende de XV sols ; et d'arme molue à sanc LX sols.

Et quant est aus amendes du pasturage, il n'y a point d'amende entre le mont et la rivière d'Oise, se ce n'est à requeste de partie, et au veu de II hommes qui ayent veu la beste, ou la personne, en dommage ; ouquel cas il y aueroit II sols VI deniers d'amende.

Item les dis seigneurs ont en la dicte ville congnoissance des aulnes et mesures ; et y est l'aune de Senliz à la mesure à drap et à la toille, l'aune de XXVIII poux. Et la mesure à blé et avoine à la mesure de Verberie ; et y a VI setiers ou muy, et XVI boissiaux ou setier ; et en chascun setier II mines, et en chascune mine IIII quartiers, et prent on l'estalon audit lieu de Verberie. Et pareillement du vin, il y a ou setier IIII los, et en I quartier de vin V setiers, et en I muy XX setiers.

Item l'arpent de la dicte ville est de LXXV verges en l'arpent, et contient chascune verge XXI piez, à pié main [4].

---

[1] *Ainçois que* bien que.

[2] *Fiert (ferit)* frappe.

[3] *Arme molue*, arme aiguisée et affilée à la meule.

[4] Le pied-main, *pes manualis, pes manus*, était vraisemblablement la mesure que forment les mains juxtaposées, les pouces écartés et placés bout à bout.

Item les dis seigneurs ont en la dicte ville 1 maire et 1 sergent, et qui appelle du dit maire, il convient que il relièvé à Béthisy devant le bailli de Valoys, et non devant autre.

Et aussi ont les dis seigneurs en la dicte ville droit de plait générel, que on dit delun ; et se tient chascun an par le maire le lundi après Quasimodo, et convient que chascun des habitans de la ville y voist sans adiornement sur amende de II sols VI deniers, et respondent les parties péremptoirement l'un contre l'autre ; et qui reçoit commandement ledit jour de quelque debte, et il ne paye dedens le terme à lui donné, et le commandement est mis à reclain, il y amende de VII sols VI deniers, et se aucun demande aucun delay, il ne l'aura que jusques à la nuit dudit délun, et convient que il congnoisse ou nye et se fait la sentence ledit jour, et est l'arramine de VII sols VI deniers.

Item, il y a en la dicte ville 1 terroir, que on dit Pastis, où tous les hostes des seigneurs puent prenre terre pour édifi r sans congié. Et ceulx qui demeurent soubz les fiefs, que on dit les escuiers, n'en puent prenre sans congié du maire sur peine d'amende de LX sols. Et n'en puent prenre aucuns estrangiers par congié ne autrement sur amende de LX sols.

Item les dis seigneurs ont en la dicte ville 1 bac et une nacelle, courans en la rivière d'Oise, desquelz, quant il y escouvient des nnefs[1] les habitans de la dicte ville et ceulx de Mourru le doivent livrer, et, se il y convient refeccions, les dis habitans de Ruis et de Mourru le doivent faire à leurs frais, sans ce que les seigueurs y contribuent en riens, et, quand ilz sont en bon estat et bien retenus, il convient que les dis habitans les livrent aus seigneurs, et après les seigneurs y doivent quérir garde souffisamment à leurs despens, et n'y doivent les dis habitans quérir point de corde, se il ne leur plaist, et aussi ne font les seigneurs et se passe à perche.

En toute laquelle terre de Ruis et de Saint-Germain les dis seigneurs ont pour indivis toute justice et seigneurie haulte, moyenne et basse, et sont seigneurs voyers.

Tout ce mouvant et tenu en foy et hommage de monseigneur Phelippe de Villers, chevalier, seigneur d'Ermenonville et de la

---

[1] *Quant il y escouvient des nuefs*, si des bateaux y échouent.

Villenuefve sur Verberie, à cause de sa dicte terre de la Villenuefve, aus usages de la chastellenie de Béthisy.

Ce présent dénombresment as estéz faict et aprouvéz an l'année mille ung sens e vins ans [1] comme il ce voit dans les vieuz et ansiens tritre et dénombremen de la ville et présidialle de Sans'is et vielle cronique d'icelle. J. Deligeny 1626 [2].

APPENDICE I^e

Les Curés de Rhuis.

1607. — 12 novembre 1636. F. le Moine, aumônier militaire.
Mai 1637. — † 11 juin 1643. Philippe Habart, curé de Fonssomme près Saint-Quentin, vicaire de Rhuis.
1er décembre 1643. — 20 mars 1664. Mathieu Colombe.
2 juin 1664. — † 16 novembre 1693. Benoit Fontaine, doyen rural de Béthisy de l'an 1681 à sa mort.
1693. — † 14 septembre 1722. Etienne Lesueur.
13 décembre 1722. — † 29 octobre 1726. Pierre Havard.
9 juillet 1727. — 24 janvier 1738. De Rouvroy.
3 avril 1738. — 10 juin 1753. Soyer.
5 novembre 1753. — 1800 Pierre-Barthélemy Castérés. Il exerça les fonctions d'officier de l'état civil, depuis le mois d'octobre 1792 jusqu'au 13 janvier 1793.

Vers 1800, Castères, curé de Rhuis, faisait l'éducation d'un grand nombre de jeunes gens du voisinage. Son presbytère était transformé en pensionnat. C'est à Rhuis que fit ses études M. Caillette de l'Hervilliers.

La cure de Rhuis appartenait au diocèse de Soissons. Ce n'est plus aujourd'hui qu'une annexe de Roberval, au diocèse de Beauvais.

---

[1] Faut-il lire ici mil cinq cent vingt-et-un ? Nous sommes porté à le croire.
[2] Cette observation a été ajoutée au xviie siècle.

Desservants de Rhuis depuis 1808.

15 janvier 1808, selon toute probabilité. — Janvier 1825. Marie-François-Denis Demorlaine, né le 10 août 1753, curé de Pontpoint.

Janvier 1825. — Mai 1825. François-Jean-Baptiste Barbier, curé de Villeneuve-sur-Verberie, décédé curé de Raray le 13 décembre 1870, âgé de 71 ans.

Mai 1825. — Janvier 1827. Abraham, curé de Roberval.

1er janvier 1827. — Janvier 1832. Benoist Leclerc, né le 22 mai 1800, curé de Pontpoint.

1er janvier 1832. — Mars 1856. Charles-Emmanuel-Léon Deprié, né le 16 octobre 1805, curé de Pontpoint, actuellement aumônier de l'hospice Condé à Chantilly.

14 mars 1856. — 9 octobre 1856. Vincent-Maurice Fleury, né le 8 février 1798, curé de Roberval.

5 août 1857. — 31 mars 1861. Jules-Florentin Manuel, né le 3 octobre 1831, curé de Roberval, actuellement curé de Cires-lès-Mello.

1er juillet 1861. — 31 décembre 1874. Désiré-Zéphyrin Paris, né le 19 octobre 1836, curé de Roberval, actuellement curé de Verberie.

1er janvier 1875. — Joseph-Armand Clozier, né le 31 décembre 1848, curé de Roberval, en exercice.

APPENDICE II

Liste alphabétique des familles propriétaires à Rhuis et Saint-Germain vers 1890.

Angoulet.
Arrivé.
l'Arrivée.
d'Avoudet.
Ayer.
Baillet.
Barbin.

Barré.
de la Barre.
de Beaurepaire.
Belassez.
la Besguesse.
Billon.
la Billonne.

Billoust.
le Bouchier.
Boulemer.
le Bouq.
La Bouquesse.
Broquel.
Brunel.
du Buz.
Carette.
Chappon.
la Chapponnette.
le Charpentier.
Charron.
le Charron.
de Chevreuses.
de la Chèze.
Chifflote.
de Civerières.
Claron.
Compiengne.
Congnet.
le Conté.
le Coq.
Coquel.
le Cordier.
le Cornu.
Coustant.
de la Cousture.
Cule.
Culot.
la Dalphine.
Daniot.
Darras.
Devise.
l'Escripvain.
d'Etapples.
de Fayel.
de Feniex.

de Feux.
Finet.
de Fosses.
Fouillet.
Fouquère.
de Fresnel.
Frézin.
Fuiron.
la Fuironne.
Garnier.
la Garnière.
Gilet.
Gougon.
Grisel.
Griset.
le Gruier.
Guerlan.
Guerry.
Guivant.
de Haramont.
Hare.
des Hayes.
Hémart.
Huet.
Hurtaut.
de Jaux.
Jourre.
le Leu.
Liberant.
de Longmont.
de Lorrain.
le Maire.
Manecier.
de Marchières.
Marguelot.
des Marliz.
de Mancourt.
Mautondu.

de Meleun.
de Mengneval.
du Mesnil.
la Moinesse.
le Mortellier.
de Néry.
Nevelon.
Nielart.
d'Outru.
de Paris.
le Parmentier.
Pastoure.
Paussarde.
Paysant.
la Paysande.
Pelet.
du Peupple.
Piat.
la Pie.
de Pierrefons.
Poissons.
de Pondremont.
Pouillet.
du Puis.
Raffaou.

de Raray.
Regnaut.
la Remonde.
Renard.
de Rocquemont.
Rondel.
Sadet.
de Saint-Leu.
la Sauvage.
le Sauvage.
Savary.
de Septoutres.
de Suegy.
le Tavernier.
de la Valette.
de Vaulx.
de Verrines.
Vilain.
de Villers.
le Vintre.
des Voyes.
Walon.
Warnet.
Waure.

APPENDICE III

Liste alphabétique des lieux dits de Rhuis et Saint-Germain, vers 1390.

Aoustain.
l'Aunoy-Fortin.
l'Aunoy-Monstoilles.
l'Aunoy-Paradis.
le Bac de Rhuis.
Bacouel.

Baudry.
Blaveton.
le Bois de Saint-Germain
Bouffoy.
le Breuil.
les Bruières.

le Buissonnet.
la Charière.
les Chasteillons.
le Chemin de la Charière.
le Chemin de la Fontaine.
le Chemin de la Montagne.
le Chemin du Perchoy.
le Chemin du Perrichet.
le Chemin de Pont à Béthisy.
le Chemin de Pont à Verberie.
le Chemin de la Poulye.
le Chemin des Prés.
le Chemin de Roy à Verberie.
le Chemin de Rhuis à Noé-Saint-Martin.
le Chemin de Rhuis à Roy.
le Chesne.
le Chesne de Chasteillon.
la Chèze.
la Chièverue.
le Cimetière de Rhuis.
le Cimetière de St-Germain.
le Clos de Bouffoy.
le Clos Jehan de Buz.
le Clos du Curé de Rhuis.
le Clos Galhaut.
le Clos des Godez.
le Colombier.
le Courtil du Prêtre de Rhuis.
le Courtil du Pressoir de Vaulx.
le Courtil du Temple.
la Croix de Bacouel.
la Croix de Rhuis.
la Cure de Rhuis.
la Cure de Saint-Germain.
Dessous voye en droit le beau Pignon.
les Deux Chasteillons

les Deux Ruelles en Bacouel.
le Douaire à l'Ourmel-en-Vaulx
l'Église de Rhuis.
l'Église de Saint-Germain.
l'Espinette.
le Faoutel de Saint-Germain.
la Fontaine de Blaveton.
la Fontaine du Martroy.
la Fontaine de Rhuis.
la Fontaine de Saint-Germain.
le Four devant la Croix de Rhuis.
le Gaing des Marèz.
le Gord Jehan Devise.
le Grand Chasteillon.
la Grand Pierre.
la Gravelle sous Rhuis.
les Grouelles de Bérengier.
Hondiart, ou Houdiart.
la Hurée.
le Jonquoy.
Le Marais de Vaulx.
le Martroy.
la Masure de la Hurée.
le Molin Fauconnier.
le Molin Henri.
Monstoilles.
le Mont Rose ou Mont Rozel.
le Moustier de Rhuis.
le Moustier de Saint-Germain.
le Nohay ou Nahay.
Oroir.
l'Ourmel en Vaulx.
Paradis.
le Parc.
le Pas de Blaveton.
le Pastis.
le Perchoy,

le Perrichet.
le Petit Breuil.
le Petit Chasteillon.
le Peupple.
la Pierre Penchant.
les Pierres dessous Rhuis.
la Pointe de Bacouel.
le Pont d'Anneel ou d'Enneel.
le Port de Rhuis ou sous Rhuis.
la Poulye.
la Prairie de Rhuis.
le Pré d'Oroir.
le Pré Sequeillon.
le Presbytaire de Rhuis.
le Pressoir de Rhuis.
le Pressoir de Vaulx.
le Pucelet.
le Puits.
le Rotoir du Chesne.
la Royaulté.
le Rû de Ruenne.
la Ruelle Chapiton.
la Ruelle du Courtil du Temple
les Ruelles.
le Ruissel de la Fontaine de Rhuis.
le Ruissel de la Fontaine-St-Germain.
Saint-Germain.
Sequeillon.
le Temple.
les Tourbières de Vaulx.
le Treu ou Trou Saint-Pierre.
le Val-Angèle.
le Valet-Lambert.
Vaufessart.
Vaulx.
la Voye des Prés.
les Watynes au vignoble de Chasteillon.

www.ingramcontent.com/pod-product-compliance
Lightning Source LLC
LaVergne TN
LVHW020959090426
835512LV00009B/1961